珍藏本
纪念版

汉译世界学术名著丛书

法学总论

——法学阶梯

〔古罗马〕查士丁尼 著

张企泰 译

商务印书馆
SINCE 1897 The Commercial Press

2017年·北京

THE INSTITUTES
OF
JUSTINIAN

with

ENGLISH INTRODUCTION, TRANSLATION, AND NOTES

BY THE LATE

THOMAS COLLETT SANDARS, M. A.

Thirteenth Impression

Revised And Corrected, 1898

Longmans, Green, And Co. London 1910

根据朗曼·格林出版公司1910年伦敦版译出

汉译世界学术名著丛书
（120 年纪念版·珍藏本）
出 版 说 明

2017 年 2 月 11 日，商务印书馆迎来 120 岁的生日。120 年前，商务印书馆前贤怀揣文化救国的理想，抱持“昌明教育，开启民智”的使命，立足本土，放眼寰宇，以出版为津梁，沟通中西，为中国、为世界提供最富智慧的思想文化成果。无论世事白云苍狗，潮流左右激荡，甚至战火硝烟弥漫，始终践行学术报国之志，无改初心。

逐译世界各国学术名著，即其一端。早在 20 世纪初年便出版《原富》《天演论》等影响至今的代表性著作，1950 年代后更致力于外国哲学和社会科学经典的译介，及至 1980 年代，辑为“汉译世界学术名著丛书”，汇涓为流，蔚为大观。丛书自 1981 年开始出版，历时三十余年，迄今已推出七百种，是我国现代出版史上规模最大、最为重要的学术翻译工程。

丛书所选之书，立场观点不囿于一派，学科领域不限于一门，皆为文明开启以来，各时代、各国家、各民族的思想与文化精粹，代表着人类已经到达过的精神境界。丛书系统译介世界学术经典，引领时代思想，为本土原创学术的发展提供丰富的文化滋养，为推动中国现代学术和现代化进程做出了突出的贡献。

为纪念商务印书馆成立120周年，我们整体推出“汉译世界学术名著丛书”120年纪念版的珍藏本，寄望既利于文化积累，又便于研读查考，同时向长期支持丛书出版的译者、编者和读者致以敬意。

两甲子后的今天，商务印书馆又站在了一个新的历史时间节点上。我们不仅要铭记先辈的身影和足迹，更须让我们的步伐充满新的时代精神。这是商务人代代相传的事业，更是与国家和民族的命运始终紧密相连的事业。我们责无旁贷，必须做好我们这代人的传承与创造，让我们的努力和成果不仅凝聚成民族文化的记忆，还能成为后来人可以接续的事业。唯此，才能不负前贤，无愧来者。

商务印书馆编辑部

2017年10月

出版说明

《查士丁尼法学总论》(*The Institutes of Justinian*)是东罗马帝国拜占庭皇帝查士丁尼(Flavius Anicius Justinianus,公元483—565年)在位期间(公元527—565年)下令编写的一部法学教科书,一译《法学阶梯》。"法学阶梯"一名取自罗马帝国鼎盛时期大法学家盖尤斯(Gaius,公元117—180年)、保罗(Paulus,公元121—180年)、乌尔比安(Ulpianus,公元170—228年)以及其他法学家弗洛伦丁(Florentinus)和马其安(Marcienus)的同名著作,并以它们为蓝本,其中特别是以盖尤斯的《法学阶梯》和《日常事件法律实践》为蓝本于533年底编写而成。所谓"法学阶梯",即法学入门之意。

查士丁尼于公元483年生于伊利里亚一个农民的家庭。他早年去君士坦丁堡,投靠其担任高级将领的伯父查士丁(Justinus,公元450—527年),并在那里受教育。他伯父做皇帝(公元518—527年)后,因为无嗣把他收为养子,并授予他要职。公元523年,他与多谋善断的费奥多拉结婚,倚为智囊。公元527年,他与其伯父共执朝政,号称"奥古斯都"。同年8月,查士丁去世,他成为唯一的皇帝。

查士丁尼从即位起就竭力维护帝国的奴隶制生产关系并企图

恢复昔日强大的罗马帝国。为达到这一目的，他一方面对内加强法制建设、扩充军队和强化国家官僚机构；另一方面对外则进行大规模掠夺战争，从公元533年至554年，先后侵占了北非、撒丁、科西嘉、意大利和西西里。他说："皇帝的威严光荣不但依靠武器，而且须用法律来巩固，这样，无论在战时或平时，总是可以将国家治理得很好。"（本书第1页）因此，他在即位之后特别重视法律工作，计划先行整理已往的大量皇帝宪令，然后整理浩繁的古法书籍。公元528年，他委任以前宫廷财务大臣、当时著名的大法官特里波尼亚组成十人委员会，即查士丁尼法典编纂委员会，开始清理历代罗马皇帝所颁布的宪令，删除其中相矛盾的和过时的材料，其余则按年代顺序编排，并标明颁布宪令的皇帝名字。经过两年编纂，共编出10卷，名为《查士丁尼法典》（*Codex Justinian*），于公元529年公布。公元534年，根据查士丁尼的新的立法，该法典作了修订，改为12卷。公元530年，查士丁尼又任命特里波尼亚领导由16名法学家组成的委员会，编纂《查士丁尼学说汇编》。委员会经过四年工作，搜集和审查了所有以往公认的法学家的著作，从中选择、节录和分门别类整理他们认为有价值的东西，共编《学说汇编》50卷，于公元533年公布。《汇编》共收著作50余种，其中主要是大法学家盖尤斯、保罗和乌尔比安的著作。凡是未被选入《汇编》的著作和法理论点都被宣布为无效。为了便于人们学习和了解罗马法的基本原理，查士丁尼于公元533年命令特里波尼亚和西奥斐里及多罗西斯两位著名法学教授编写《法学总论》。他们按照查士丁尼的旨意，既吸收先前罗马皇帝的宪令的规定，又吸收各著名法学家的主要法理，把它们融会在一起，写成《法学总论》。查士丁尼把它钦定为罗马私法教科书，于公元533年底公布，世称《查士丁尼法学总论》。它本身具有法律效力。至公元565年，罗马法学家把查士丁尼在《法律汇编》和《法学总论》完成之后三十年内所陆续公布的180条新敕令汇编成集，称为《查士丁尼新律》。公元12世纪，上述《查士丁尼法典》、《查士丁尼学说汇编》、《查士丁尼法学总论》和《查士丁尼新律》被合称为《查士丁尼国法大全》，一称《查士丁尼民法大全》。

《法学总论》是《查士丁尼国法大全》的一个组成部分，它与其他三部分一样具有同等的法律效力。但是，它是当时的罗马法学家根据查士丁尼的要求编写的，因此它具有以下一些特点：第一，它融会了罗马法的全部基本原理，是罗马法的精髓；第二，条理清楚，概念明确；第三，文字浅显，易于阅读；第四，内容翔实，包括了民法的各个方面。所以，查士丁尼对它十分重视，认为它是“包括全部法学的基本原理”，是学习罗马法的主要教科书。

根据查士丁尼的命令，《法学总论》共分四卷，计九十八篇。第一卷是关于人的规定，即关于私法的主体的规定；第二、第三卷是关于物的规定，即有关财产关系，其中包括继承和债务的规定；第四卷是关于契约和诉讼程序的规定。从这四卷的排列顺序看，《法学总论》比罗马的第一部成文法——《十二表法》已大大前进一步，因为它把作为主法的人法和物法排列在前，而把作为助法的诉讼程序法排列在后。而在《十二表法》中的排列次序恰恰与此相反，前面为诉讼程序法，后面为人法和物法。这就说明，随着罗马帝国商品货币经济的发展，罗马法学家已把着眼点放在权利问题上，而不像早期那样放在“正义与不正义”之分的问题上。因此，在《法学总论》中权利观念已经扩大，占据主导地位了。从而使罗马私法发展到一个新的阶段，标志了商品经济社会的性质。

在《法学总论》中，首先阐明了“公法”和“私法”的划分。它指出：“公法涉及罗马帝国的政体，私法则涉及个人利益。”就是说，公法是与帝国的国家组织及其活动范围有关的法律，私法是与个人利益有关的法律。然而这里所说的私法与我们现在所理解的私法含义并不一样，它是由自然法、万民法和市民法三个部分组成的。所谓“自然法”就是指冥冥大自然在运行中遵循的某些自然法则，据此，人类具有某些与生俱来的自然权利；所谓“市民法”就是为罗马公民所享有的特权而规定的法律；所谓“万民法”就是用于帝国境内异邦居民的法律。在《法学总论》中，关于人法、物法和诉讼程序法就是按照上述三种法律规定的。

在东罗马帝国时期，存在着贵族、骑士、自由民、异邦居民和奴隶五种社会阶级和阶层，其中隶属奴隶阶级的奴隶是不作为人看待的，而是同其他东西一样被当做物件看待的。因此，《法学总论》中人法关于人的权利能力和行为能力，人的法律地位、各种权利的取得和丧失，以及婚姻家庭关系等规定，都不适用于奴隶，只适用于自由人。自由人有生来自由人和被释放自由人之分。生来自由人是指从出生时起就是自由的，被释放自由人是指从合法奴隶地位中释放出来的人。但是《法学总论》中所规定的自由权、市民权和家长权并不是所有自由人都能同等享受的，其中属于市民权方面的选举、担任公职等权利，以及属于家长权方面的父母对子女所享有的权力，只有罗马公民才能享有，异邦居民则不享有这些权利。这就进一步明确巩固了罗马公民的特权。

物法在《法学总论》中所占的篇幅最大，这既说明了罗马帝国的商品生产和商品交换关系相当发展，也说明了以皇帝为首的奴隶主统治阶级对巩固其所有制的重视和需要。所谓物法，是指权利的客体、所有权的取得、变更和区分，以及继承、债务等内容。《法学总论》对物的范围规定很广，不仅指能被触觉到的有形体物，如奴隶、衣服、金银以及其他无数东西，而且也指不能被触觉到的无形体物；不仅指人工开拓的土地和其他产品，而且也指自然界存在的空气、水流和各种动植物等物体。根据法律规定，这些物体分别属于共有、公有、团体所有和个人所有。所有权是指物的所有人对其权利标的物的直接行使的权利。物权则分为所有权、地役权、用益权、使用权、居住权和抵押权等，它们根据契约或遗嘱可以被赠与、让与、遗赠和继承，但是不得被侵犯，受到法律的严格保护。债务是物法的一部分，是"法律关系"。在《法学总论》中，债务分为市民法规定的债务和大法官法规定的债务，而这两类债务又分契约的债、准契约的债、不法行为的债和准不法行为的债四种。它们是由于缔结契约或侵权行为发生的。

最后，《法学总论》还对诉权作了明确规定。所谓"诉权"是"指有权在审判员面前追诉取得人们所应得的东西"。一切诉讼均由审判员或裁判员受理。它分为对物的诉讼和对人的诉讼两种。对物的诉讼称为回复原物之诉，对人的诉讼是以请求给予某物或做某事为标的诉讼，称为请求给付之诉。有些既是对物又是对人的诉讼，称为混合诉讼。此外，还有公诉，这种诉讼是根据历代罗马皇帝制定的法律规定的，用于一切图谋危害皇帝和国家的人。

根据以上所述，我们不难看出，《法学总论》不但内容丰富，而且结构严谨，概念清晰。因此，它被西方法学界看做是罗马奴隶制社会的一部最完善的私法。它关于“公法”和“私法”的划分，后来成为资产阶级法学划分法学部门的基础；它关于财产所有权的各种规定，其中包括契约、债务、买卖、租赁、合伙等规定，后来成为资产阶级制定民法所借鉴的蓝本；它关于保护奴隶主私有财产的原则，后来发展成为资产阶级“私有财产神圣不可侵犯”的原则。由此可见，它对后来民法发展的影响之大绝非一般。

1987 年 8 月

目　　录

序　言

以我主耶稣基督的名义

恺撒·弗拉维·查士丁尼皇帝，征服阿拉曼、哥特、弗朗克、日耳曼、安特、阿兰、汪达尔、亚非利加的虔敬的、幸运的、光荣的、凯旋的、永远威严的胜利者，向有志学习法律的青年们致意。

皇帝的威严光荣不但依靠兵器，而且须用法律来巩固，这样，无论在战时或平时，总是可以将国家治理得很好；皇帝不但能在战场上取得胜利，而且能采取法律手段排除违法分子的非法行径，皇帝既是虔诚的法纪伸张者，又是征服敌人的胜利者。

1. 朕以不懈的努力，极度审慎的态度，并得到上帝的保佑，达到了上述双重目的。朕所统治下的各野蛮民族都能认识到本皇帝的武功，亚非利加和许多其他行省的情况也都证实了这一点，经过了一个很长时期，并由于上苍保佑，我们终于获得了胜利，把它们重新置于罗马统治之下，归入我们帝国的版图。此外，各族人民现在都受治于我们已经颁行的或编纂的法律了。

2. 朕将已往杂乱的大量皇帝宪令加以整理使之协调一致以

后[1]，就将注意力转向浩繁的古法书籍。我们好像横渡大海一样，由于上苍保佑，终于完成了一件曾经认为是无望的工作。[2]

3. 得到上帝保佑而完成了这件工作之后，朕召见了最杰出的人物、法官、前宫廷财务大臣特里波尼以及两位卓越人士，即法学教授亚奥斐里斯和多罗西斯，他们三人早已不止一次地向我们证明了他们的才能、法律知识和对我们命令的忠诚；朕特别委任他们，在本皇帝的权威和指导下，编写《法学阶梯》。这样，你们便可以不再从古老和不真实的来源中去学习初步法律知识，而可以在皇帝智慧的光辉指引下学习；同时，你们的心灵和耳朵，除了汲取在实践中得到的东西之外，不致接受任何无益的和不正确的东西。因此，从前须先学习三年之后，才能勉强阅读皇帝宪令，现在你们一开始就将阅读这些宪令。你们是这样的光荣，这样的幸运，以致你们所学到的法律知识，从头至尾，都是你们皇帝亲口传授的。

4. 因此，在把全部古法书籍编辑为《学说汇纂》共计 50 卷以后（这是在一些杰出人物特里波尼亚和其他卓越而有才识的人协

---

① 指初版《法典》(*Codex*)。公元 528 年查士丁尼帝指定一个十人委员会编纂历代皇帝宪令，历时一年而成。已失传。534 年初，特里波尼亚奉命重加编订，同年 11 月 16 日公布，12 月 29 日施行，所有未经辑入的宪令，一概失效。

② 指《学说汇纂》(*Digesta* 或 *Pandectae*)。公元 530 年查士丁尼帝命令编纂，由以特里波尼亚为首包括西奥斐里和多罗西斯在内的一个委员会，历时三年编成。533 年 12 月 16 日公布，同月 30 日施行。这部汇纂反映了法学著作中体现的古法。编纂人员摘录这些著作中一切实用的东西，剔除过时和多余的东西，消除法学家之间存在着的意见上的矛盾，必要时对原文进行修改。前人学说未经摘录辑入的，一律丧失法律效力。这部反映古法的《汇纂》与反映新律的皇帝《法典》并立，连同这本《法学阶梯》(*Institutiones*)和《新宪令补编》(*Novellae*)是构成《国法大全》(*Corpus Juris Civilis*)的四大部分。

助下完成的），朕又命令把这部《法学阶梯》分为四卷，其中包括全部法学的基本原理。

5. 在这四卷里，简要阐述一些古代法律，以及那些历久不用而湮没，经由皇帝权力而重见天日的内容。

6. 这四卷乃是根据古代各卷法学阶梯，尤其根据我们盖尤斯[①]所著的几部释义——《法学阶梯》和《日常事件法律实践》等——以及许多其他释义[②]编成，由上述三位学者向朕提出。朕详加阅读审核之后，赋予这部著作本皇帝宪令所具有的全部效力。

7. 因此，应该热心接受和不懈努力学习我们这些法律。你们要表明自己学得很精通，因此可以怀有美好的希望，在完成全部学业之后，你们能够在可能委托给你们的不同地区内，治理我们的帝国。

制定于君士坦丁堡，533 年 12 月 11 日，查士丁尼皇帝第三任执政官期间。

① Gaius，帝国前期法学家。我们至今连他的家姓还无从查考，因为 Gaius 是名而不是姓。他大约出生于哈德里安帝时代，看来是一位教师，生前默默无闻。公元 5 世纪初公布的《引证法》把他列为五大法学家之一，与伯比尼安、保罗、乌尔比安和莫迪斯蒂努斯等齐名，著作甚多。所著《法学阶梯》，被采用为本《法学阶梯》的蓝本，1816 年始被德国史学家尼布尔在意大利弗罗那图书馆中发现，系 5 世纪抄本，用羊皮纸写成，仅缺三张，但上面又写着后人作品，故字迹不易辨认。

② 指弗洛伦丁著《法学阶梯》12 卷，保罗著《法学阶梯》2 卷，乌尔比安著《法学阶梯》2 卷和马其安著《法学阶梯》16 卷，均失传。

查士丁尼皇帝钦定法学阶梯[①]

第一卷

第一篇 正义和法律

正义是给予每个人他应得的部分的这种坚定而恒久的愿望。

1. 法学是关于神和人的事物的知识；是关于正义和非正义的科学。

2. 在一般地说明了这些概念之后，朕认为开始阐明罗马人民法律的最适宜的方法，看来只能是首先作简明的解释，然后极度审慎地和精确地深入细节。因为如果一开始就用各种各样的繁复题材来加重学生思想的负担，这时候学生对这些还很陌生而不胜负担，那么就会发生下列两种情况之一：或者我们将使他们完全放弃学习，或者我们将使他们花费很大工夫，有时还会使他们对自己丧失信心（青年们多半就因而被难倒），最后才把他们带到目的地；而如果通过更平坦的道路，他们本可既不用费劲，也不会丧失自信，很快地被带到那里。

3. 法律的基本原则是：为人诚实，不损害别人，给予每个人他

① 全书系用查士丁尼帝口吻写成。

应得的部分。

4. 法律学习分为两部分,即公法与私法。公法涉及罗马帝国的政体,私法则涉及个人利益。这里所谈的是私法,包括三部分,由自然法、万民法和市民法的基本原则所构成。

第二篇 自然法、万民法和市民法

自然法是自然界教给一切动物的法律。因为这种法律不是人类所特有,而是一切动物都具有的,不问是天空、地上或海里的动物。由自然法产生了男与女的结合,我们把它叫做婚姻;从而有子女的繁殖及其教养。的确我们看到,除人而外,其他一切动物都被视为同样知道这种法则。

1. 市民法与万民法[①]有别,任何受治于法律和习惯的民族都部分适用自己特有的法律,部分则适用全人类共同的法律。每一

---

① 罗马人一直坚持市民法专适用于罗马公民,而不适用于外国人或异邦人,因此在罗马的外国人基本上是没有权利的。这种限制,由于以后罗马与异邦接触日益频繁,交换日益发展,已属无法维持。公元前 242 年外事大法官的设置,说明涉外案件已极纷繁,须由专职处理。在不断解决外国人间以及外国人和罗马公民间因交换关系所产生的实际问题的同时,逐渐形成了一套规范,称万民法(jus gentium),大部分是在大法官告示中固定下来的。

就其实际含义来说,万民法是罗马法中既适用于罗马公民也适用于罗马的外国人的那部分法律。万民法还具有理论含义,指产生于自然理性的法而言;由于人同此心,心同此理,所以这种法是全人类共同的。亚里士多德早已提出这一思想。斯多葛派竭力主张这种思想,它传到罗马以后,西塞罗又详加阐明。罗马法学家盖尤斯在所著《法学阶梯》中一开始就写道:“……一国人民为自己制定的法律是这一国人民所特有的,它叫做市民法,是这一国家特有的法。但是自然理性为全人类所作出的规定,在全世界各国人民中间应予一律遵守的,叫做万民法,它是一切民族都适用的法。(接下页)

民族专为自身治理制定的法律，是这个国家所特有的，叫做市民法，即该国本身特有的法。至于出于自然理性而为全人类制定的法，则受到所有民族的同样尊重，叫做万民法，因为一切民族都适用它。因此，罗马人民所适用的，一部分是自己特有的法律，另一部分是全人类共同的法律。组成我们法律的这两部分的性质，我们将在适当场合阐述。

2. 每一国家的市民法是以它适用的国家命名的，例如雅典的市民法。如果把梭伦或德累科的法律称为雅典的市民法，也没有错。因此，我们把罗马人民或奎利迭人民适用的法律叫做罗马人的市民法或奎利迭人的市民法。其实罗马人亦称奎利迭人，这名称是从奎利努斯（Quirinus）一字而来的。但若谈到法律而不加上哪个民族时，那么，所指的是我们自己的法，正如我们谈到"诗人"而不说姓名，在希腊人那里就是指杰出的荷马，在我们这里是指维吉尔。至于万民法是全人类共同的。它包含着各民族根据实际需要和生活必需而制定的一些法则；例如战争发生了，跟着发生俘虏和奴役，而奴役是违背自然法的（因为根据自然法，一切人都是生而自由的）。又如几乎全部契约，如买卖、租赁、合伙、寄存、可以实物偿还的借贷以及其他等等，都起源于万民法。

（接上页）因此罗马人所适用的，一部分是他们本身特有的法，一部分是全人类共同的法律"。

致力解决实际问题的罗马法律专家只对实际含义的万民法感兴趣，其余一切，他们认为都是哲学辞藻。自从卡拉卡拉帝（Caracalla）于公元 212 年公布了有名的安东尼尼安宪令（Constitutio Antoniniana）而把罗马公民权赋予一切异邦人以后，市民法与万民法之间的区别，已无实际意义。

3. 我们的法律或是成文的，或是不成文的，正如希腊的法律，有些是成文的，有些是不成文的。成文法包括法律、平民决议、元老院决议、皇帝的法令、长官的告示和法学家的解答。

4. 法律是罗马人民根据元老院长官例如执政官的提议制定的。平民决议是平民根据平民长官例如护民官的提议而制定的。平民之不同于人民正像人种之不同于人类；因为人民是指全体公民，包括贵族和元老在内，而平民则是指贵族和元老以外的其他公民而言。但从豪而顿西法[①]通过以来，平民决议已经开始具有与法律相等的效力。

5. 元老院决议[②]是元老院所命令的和制定的，因为罗马人口已增长到了这样的程度，以致很难把他们召集在一起来通过法律，所以向元老院咨询以代替向人民咨询，似乎是对的。

6. 皇帝的决定也具有法律效力，因为根据赋予他权力的王权法[③]，人民把他们的全部权威和权力移转给他。因此，凡是皇帝的批复中的命令，在审理案件时的裁决，在诏令中的规定，当然都是

① Lex Hortensia，公元前 287 年通过。

② Senatus-consultum，到了帝国时期，元老院的决议被认为已表达了人民的意志，法案无须经人民大会通过了；但是形式上元老院仍保持为咨询机关，其决议也保持建议文件的表述方式。元老院决议以提案人的名字命名。皇帝可以备文向元老院提出动议，他的咨文照例会被采纳。后世法学家们在引证时，往往单指某某皇帝咨文，而不提批准咨文的某某元老院决议，可见其决议最终也只是一种形式罢了。

③ Lex regia，亦称 Lex curiata de imperio（王权法）。盖尤斯写道："皇帝本人是根据法律而享有最高权力的"（见《法学阶梯》，1.5）；又乌尔比安论述："皇帝所决定的都有法律效力，因为人民已把他们的全部权力通过王权法移转给他。"（见《学说汇纂》，1.4.1.首段）

法律，所有这些统称宪令。[①] 显然其中有些是个人性质的，而不构成先例，因为皇帝无意使其成为先例。如皇帝因某人有功而给予恩赏，或因某人有罪而予以惩罚，或赐予某人额外救助，这些行为都不超越这一特定人的范围。至于其他宪令，由于它们是普遍的，无疑地对于一切人都有约束力。

7. 大法官告示[②]同样具有法律权威。我们惯常把这些告示叫做

---

① 皇帝作为国家最高长官有权公布诏令（edictum），系一般性的规定，且多半属于公法范围。他可以对帝国官吏，尤其各省总督，在执行职务上作出指示，称训令（mandatum），但在私法发展上并无重要意义。他还可以就具体诉讼事件，在御前会议顾问下，作出裁决（decretum）。至于批复（rescriptum）是他对于官吏或个人提出的法律疑问所作的解答，事前经有著名法学家参加的御前会议审议，对官吏以书翰（epistula）答疑，必要时得令将书翰公布，对个人就在申请书上写下批复。以上种种统称宪令（constitutiones）。

② Edictum（告示）一词系由 ex 和 dicere 两词组成，意即"大声说出"。大法官于接任之初，即在告示牌上向公众公布他的施政纲领，表明他将怎样行使他的职权。由于告示限于大法官一年任期内有效，故称常年告示（edictum perpetuum）。此外有临时告示（edictum repentinum），用于临时发生的个别事件。就实质言，告示包含法律准则，但在形式上它仅是一种诺言。告示所采用的表述方式如下：在某种情形下，"我将给予遗产占有"或"我将赋予诉权"等等，"我"字是大法官自称，这显然与一般立法文件的表达方式有别。

前任大法官告示对于后任无约束力，但后任大法官认为适宜的话，可予采用，否则径予摈弃或加以修改。以后各任大法官又在各自前任告示的基础上，作必要的改进，如此新旧接替，愈到后来，告示中承受前任的部分愈多，新创的部分愈少。因此，事实上某些大法官告示，不仅在一年内而且成为永久有效。到了共和国末期，由于长期积累，大法官告示成为广泛的、固定的和统一的整体，在对市民法的关系上，它是一个独立的体系，称大法官法或长官法（包括大法官以外的其他长官的告示在内，详见下注）。

大法官法完全是在大法官司法实践的基础上建立起来的，告示中的任何新创部分，目的都是为求适应剥削阶级的某种实际需要；在一年有效期间，它将受到考验，法学家们也会对它提出批评。如不合用，后任大法官会把它废弃。这种办法，把立法和习惯法各自的优点相结合，把固定性与灵活性相结合，使罗马法既扎根在过去的经验中，又善于适应目前形势的变化。在奴隶制社会及其经济生活迅速发展中，这（接下页）

长官法[①]，因为这种法是由佩戴勋章的人，即长官的批准而生效的。

(接上页)种办法对于维护奴隶主阶级的利益起着很大作用。

到了帝国时期，大法官的权力显得和皇帝的最高权力相抵触。

哈德里安帝终于解决了这一矛盾。他谕知杰出法学家萨尔维·犹里安把历年来的常年告示全部加以整理校订，并予以必要的修改。这一编纂工作完成于公元130年到138年间，经哈德里安帝咨请元老院决议通过，并予公布，称哈德里安或犹里安告示。三百年左右期间发展起来的长官法就这样地被固定下来了。此后，大法官只能采用业已固定的方式，不得擅作修改，也不加添新词句。如有疑难问题，则呈由皇帝批复。总之，仅皇帝有修改和补正之权。因此，告示已非大法官自身意志的体现，而是皇帝意志的表达；作为法律渊源，大法官告示也就丧失其原有意义了。

① Jus honorarium，honorarium 从 honos 一词而来，意即长官。罗马法之发展成为世界性的法，长官之一的大法官(praetor)曾起了非常巨大的作用。大法官制度是古代罗马所特有的。大法官是国家司法民事部门的长官，设于公元前367年，其职权是从执政官的职权中分出的，其地位仅次于执政官，也同后者一样，由民众大会选举，任期一年，并享有最高权力。

大法官不是现代意义的法官。他除了可以驳回原告的起诉以外，对于所受理的案件，从来不亲自裁判，而是把它交给审判员去审理。因此，罗马的民事诉讼可以分为先后两个阶段：大法官受理的阶段(jus)或在大法官前进行的程序(in jure)，主要是确定诉讼当事人间法律上或事实上的争论焦点，并指示审判员对个别案件应适用的法(jurisdictio)；以及审判员审判的阶段(judicium)或在审判员前进行的程序(apud judicem)，旨在就争论焦点予以解决，作出裁判。

审判员(judex)不是国家官吏，而是由大法官就预定名单(最初限于元老，随后加上骑士，最后加上拥有一定财产的人)选定之，并经大法官授权以处理特定案件的公断人(故亦称 arbiter)，原则上为一人，但亦得为多数人。由此可见，罗马法中的民事诉讼是以国家司法原则和古代公断原则相结合的。

自从艾布第法(Lex Aebutia，年代不详，据称在公元前2世纪)创设了书面公式程序以来，诉讼的书面公式即由大法官协同诉讼当事人制定之。在书面公式中，大法官指定审判员，并明确规定应裁判事项。举例说明如下：“兹指定铁提为审判员。如果看来被告应给予原告一百的话，判令支付一百；如果看来不是如此的话，把他开释。”其中“如果看来应给予一百”是公式的主要部分，称 intentio(请求标的)，揭示原告请求的内容；“判令支付一百”是公式的最后部分，称 condemnatio(裁判事项)。这两部分一问一答，互相呼应。

公式还可以包括其他部分。例如关于寄存之诉，公式开头表述：“由于原告将本案争执的银台面寄存被告保管，为了这个缘故，如果根据诚实信用，看来被告应给予或作为的话，在这一点上判令被告给予或作为；如果看来不是如此的话，把他开释”，其中“由于……”这一短句，亦即列在公式之首的部分，称 demonstratio(请求原因)。(接下页)

市政官[①]就某些事项有时也发布告示，这种告示构成长官法的一部分。

8. 法学家的解答[②]是那些被授权判断法律的人们所作出的决定和表示的意见。古时规定应该有人公开解释法律，这些人由

(接上页)公式还可以包括为被告着想而利用他防御的部分，最常见的是 exceptio(抗辩)，例如"如果看来被告应给予原告一百，又如果以本案而言原告从未有欺诈或恶意行为的话，判令被告支付；如果看来不是如此的话，把他开释"，其中"又如果……"一句，系属抗辩部分。

由此可见，大法官可以运用赋予诉权(或拒不给予权)、赋予抗辩权或准许回复原状等手法，使他认为合法而不合理的权利丧失其法律保障；合理而不合法的关系则获得事实上保护，如同合法权利一样。形式上大法官虽然不享有立法权，但通过上述那些手法，他事实上具有创造新的法律规范的可能性。例如大法官诚然不能改变市民法的效力，使某甲不通过要式转移(mancipatio)而仅通过交付(traditio)取得对要式转移物(res mancipi)的合法所有权(dominium ex jure Quiritium)，但由于市民法的实际运用是在他掌握中，所以他可以赋予某甲必要的诉权或抗辩权，使其权利得到保障。虽然某甲不是正式所有人，但他可以保持其物作为自己财产的一部，任何人不得非法夺取之。又如大法官诚然不能指定依法无权继承的人为继承人，但他可使他取得遗产占有，并使他享受继承人应享有的保护。大法官是创造性地运用十二表法，以适应奴隶主不断提出的新要求的。罗马杰出法学家伯比尼安说：大法官"在保证市民法适用的同时，补充市民法和修改市民法"。另一法学家马其安称长官法是"市民法的活的声音"。

① curules aediles，古罗马掌管公共建筑物警务、交通、市场、戏院和公共娱乐等事的官员。

② 法学家实际活动的内容，主要有三个方面：(1)对于具体法律问题提出解答(respondere)。法学家间发生意见分歧时，往往公开进行激烈论战；(2)撰拟契据(cavere)，并在当事人进行法律上活动时担任他的顾问；(3)协助当事人为诉讼行为(agere)，并向他指示应采用的诉讼程式。法学家并不替他出庭辩护，这是辩护士(orator)分内之事；后者能言善辩，但不一定是出色的法学家，西塞罗是最好的例子。到了帝国时期，法学家的独立地位，毕竟与皇帝的权力有所抵触。因此奥古斯都帝特对于某些卓越的法学家赋予官方解答权，使其解答因素出于元首的授权而具有比通常法学家的解答更大的价值。事物的发展自然而然导致下列情形：特许法学家的解答意见往往被引证而应用于其他类似诉讼事件；特许法学家所享有的威望使他们的任何其他意见都受到同样的重视。

皇帝赋予权力就法律问题作出解答，称为法学家。他们的一致决定和意见具有这样的权威，根据宪令规定，审判员也不得拒绝遵从。

9. 不成文法是习惯确立的法律，因为古老的习惯经人们加以沿用的同意而获得效力，就等于法律。

10. 因此，把市民法区分为两种，是合宜的。这看来是导源于雅典和拉塞戴蒙这两个国家的不同习惯，因为这两个国家的一贯做法是：拉塞戴蒙人宁愿把作为法律来遵守的东西，记在心里，至于雅典人则宁愿把在成文法中所载的东西妥善地保存下来。

11. 各民族一体遵守的自然法则是上帝神意制定的，因此始终是固定不变的。至于每一国家为自身所制定的法律则经常变动，其变动或由于人民的默示同意，或由于以后制定的其他法律。

12. 我们所适用的全部法律，或是关于人的法律，或是关于物的法律，或是关于诉讼的法律。首先考察人，因为如果不了解作为法律的对象的人，就不可很好地了解法律。

第三篇　关于人的法律

关于人的法律的主要区分如下：一切人不是自由人就是奴隶。

1. 自由人得名于自由一词。自由是每个人，除了受到物质力量或法律阻碍外，可以任意作为的自然能力。

2. 奴隶是根据万民法的制度，一人违反自然权利沦为他人财产之一部。

3. 奴隶(servi)一词的由来是：将领们命令把俘虏出卖，于是就把他们保存(servare)起来而不把他们杀掉。奴隶又叫做mancipia[①],因为他们是被我们从敌人那里用手抓来的。

4. 奴隶或者是出生时是奴隶,或者是后来成为奴隶的。女奴所生的子女,生来是奴隶;那些后来成为奴隶的,或者依据万民法,即由于被俘,或依据市民法,即年在20岁以上的自由人意图分得价金,而听由他人将其出卖。[②]

5. 一切奴隶的地位没有任何差别;至于自由人则有许多差别,他们或是生来自由的,或是被释放而获得自由的。

第四篇　生来自由人

生来自由人是从出生时候起就是自由的,无论他是两个生来自由人结婚而生的,或是两个被释自由人结婚而生的,或是一个生来自由人与一个被释自由人结婚而生的。如果母亲是自由人,父亲是奴隶,子女仍不失其为自由人,正如其母亲是自由人而父亲则不能确定是谁一样,因为在后一种情况下子女是不明不白成胎的。只要在他出生时母亲是自由人就够了,至于她在怀孕时是否女奴,并无关系。相反,如果她怀孕时是自由人,在分娩时已成为女奴,所生子女仍认定是自由人,因为母亲的不幸不应影响胎儿,使其遭受不利。这里发生一个问题:如果怀孕的女奴被释放后,又成为女

① 由manus(手)和capere(取、抓)两词组成,意谓用手抓来的。

② 根据市民法,自由不得让与,但有少数例外。例如一人与他人通谋,佯称后者的奴隶,由他将其出卖,他取得价金后避匿不见。如准许被出卖者以后恢复自由,他就可找到同谋者分得价金。为了防止欺诈行骗,法律规定不准其恢复自由。

奴而分娩，所生子女是自由人还是奴隶？马赛鲁[①]认为他是生来自由人，因为只要胎儿的母亲一度是自由的，哪怕这是在中间一段期间，就已经够了。这种意见是正确的。

1. 生来自由人不因一度处于奴役状态[②]，随后又被释放，而使其原来身份受到影响，因为常常断定释放不妨碍生来的权利。

第五篇 被释自由人

被释自由人是从合法奴隶地位中释放出来的人。释放就是“给予自由”，因为奴隶是掌握在他人“手中”并处于其权力下的，释放乃是这种权力之下解放出来。这种制度导源于万民法。因为根据自然法，一切人生而自由，既不知有奴隶，也就无所谓释放。但奴隶制一旦在万民法中建立起来，接着也就产生了释放的善举。“人”原来是对一切人的一个自然的名称，万民法却开始把人分为三种：自由人，与之相对的奴隶，第三种是不再是奴隶的被释自由人。

1. 释放可以采取各种不同方式进行：根据皇帝宪令在神圣的教堂中进行，或通过法官的隆重宣告进行，或在朋友面前进行，或用书翰，遗嘱，或任何其他最后意志行为的方式进行。此外，奴隶还可依照过去皇帝的宪令和本皇帝宪令所规定的许多其他方式获

① Ulpius Marcellus，罗马帝国前期法学家，著有《市民法、长官法合论》31 卷。

② In servitute esse，这与 servus esse(成为奴隶)不同，前者系事实状态，后者系法律状态。前者的情形，例如儿童为海盗掳掠，作为奴隶出卖于人，该儿童不因而丧失他生来自由人的身份。虽然事实上他已被剥夺了自由，但法律上应认为他从未丧失自由。因此，如果他的主人把他释放，他不视为被释自由人。

得自由。

2. 主人可以在任何时候释放其奴隶，甚至可乘长官在途中经过时，例如大法官、副执政官或行省总督去浴室或剧院的途中，进行释放奴隶。

3. 从前，被释自由人分为三级：被释放者有时获得完全自由而成为罗马公民，有时获得不完全的自由，根据犹尼·诺尔滂法①而成为拉丁人；有时获得更低级的自由，根据埃里·森提法②而列为降服者(deditcii)。但降服者这一最低级，很早就已消失了。至于拉丁人的名称也已很少见到。因此，本皇帝本于仁慈之意，在希望改进一切并使一切更加完美的同时，制定了两个宪令，进行一次重大改革并恢复了古时的情况；因为罗马在最初建国时期③，只有一种自由，释放者与被释放者所享有的是同一种自由；而不同的只是被释放者是被释自由人，而释放者是生来自由人。朕已作出决定，颁布了一个废止降服者这一级的宪令；朕在杰出的帝国财务大臣、特里波尼亚的建议下作出了这些决定，解决了古代法中争论不休的问题。朕又在他的建议下制定另一宪令，这一宪令在帝国法令中最是出色，它消除了犹里法上的拉丁人以及与拉丁人有关的一切。现在朕对于一切被释自由人，不问被释放者的年龄、释放者的权益或释放方式，一律都给予罗马公民资格。朕又增添了奴隶可以获得自由连同罗马公民资格的许多其他方式，罗马公民资格现在是唯一的一种自由。

---

① Lex Junia Norbana，约公元 18 年通过。

② Lex Aelia Sentia，公元 4 年通过。

③ 相传为公元前 754 年。

第六篇 哪些人和由于哪些原因不得释放奴隶

虽然如此，并不是所有的主人都可以随心所欲释放奴隶的；意图欺诈债权人的释放，行为是无效的，埃里·森提法不承认在这种情况下的释放。

1. 但是无偿付能力的主人得在遗嘱中指定他的奴隶为继承人，同时给予他自由，使奴隶获得自由而成为他唯一的、必要继承人，但以根据同一遗嘱并无其他继承人者为限：或者因为并未指定其他继承人，或者因为被指定者由于某种原因并不成为继承人。这是上述的埃里·森提法所明智地规定的。极有必要作出这种规定，因为它可使无偿付能力的人在不能找到其他继承人时，至少可以有一个奴隶作为他的必要继承人，而向债权人偿付。如果奴隶不偿付，债权人可以把奴隶名下继承的遗产变卖，这就不致辱没了死者。

2. 如果指定奴隶为继承人但未明确给予自由，其结果在法律上是一样的。因为，本皇帝的宪令，根据合乎人道的新精神，决定不仅对于无偿付能力的主人，而且一般地规定：指定奴隶为继承人，就应视为给予奴隶自由。因为不可想象，立遗嘱人纵然未明白给予自由，却会愿意他自己所选定的继承人，依然是一个奴隶，以致无任何人作为他的继承人。

3. 凡在无偿付能力时释放奴隶，或由于释放奴隶而使自己陷于无偿付能力者，都应视为意图欺诈债权人而释放。但是已经判定，如果释放者并无欺诈意图，即使他的财产不足清偿债务，仍不妨碍被释放者获得自由，因为人们通常总希望自己的偿付能力比实际所有的更大。因此，必须由于释放者的欺诈意图，以及其财产因释放以致不足清偿债务的事实，才妨碍被释放者获得自由。

4. 根据同一埃里·森提法，不满 20 岁的主人不得释放奴隶；但采取诉讼上释放的方式，经评议庭审核，认为具有正当释放原因而批准者，不在此限。

5. 下列情形构成释放的正当原因：例如被释放者是释放者的父母子女、兄弟姐妹、师傅、乳母、养亲，或他所抚养的卑亲属、同乳弟兄；或是他要用为事务经管人的奴隶；或是他要与之结婚的女奴，但须在六个月内结婚，其受阻出于合法理由者不在此限；如果要用奴隶为事务经管人而将他释放，该奴隶不得年在 17 岁以下。

6. 对提出释放的原因，一经核准，无论所举理由是真是假，均不得撤回。

7. 由于埃里·森提法对于未满 20 岁的主人释放奴隶规定某些限制，其结果为：所有年满 14 岁的人虽然可以立遗嘱，指定继承人并作出遗赠，但是所有未满 20 岁的人却不能给予奴隶自由。一个人可以遗嘱处分他的全部财产，却不能给予哪怕一个奴隶自由，这种情况是不能容忍的。因此朕认可他有权用遗嘱任意处分他的奴隶，如同处分其他财物一样；这样，他也就可以给予奴隶自由。但是正因为自由是无价之宝，所以古代法才禁止不满 20 岁的人给予奴隶自由，朕所选择的是折中的办法，允许不满 20 岁的人用遗嘱给予他的奴隶自由，但他必须已满 17

岁而进入第18个年头。[1] 因为古代法既允许人们达到了18岁就可以替别人辩护，为什么不相信他们可以凭借自己正确的判断给予自己的奴隶自由呢？

第七篇 福费·加尼尼法的废止

福费·加尼尼法[2]规定了用遗嘱释放奴隶的人数限制，但是朕认为有理由废止这一令人不快地妨碍自由的法律。人们在生前可以把自由给予他们的全部奴隶——除非别有障碍——而于他们临终时则不准有同样的权力，这种情况是很不合理的。

第八篇 受自己权力支配和受他人权力支配的人

有关人的法律的另一种区分是：有些人受自己权力的支配，另有一些人受他人权力的支配。关于后者，有些处于家长的权力下，有些处于主人的权力下。我们应看哪些人是受他人权力支配的；知道了这些人之后，就可以认识到哪些人自身有权力。我们将首先考虑处于主人权力下的人。

---

① 因此，满14岁可以立遗嘱，但必须满17岁才可用遗嘱释放奴隶。本《法学阶梯》公布了约八年以后，查士丁尼帝颁布新宪令，规定能立遗嘱时起，就有权给予奴隶自由。

② Lex Furia Caninia，公元前2年通过，规定以遗嘱释放奴隶，其数量不得超过一百名。

1. 奴隶处于主人的权力之下，这种权力渊源于万民法，因为我们可以注意到，无论哪个民族，主人对于奴隶都有生杀之权，奴隶所取得的东西，都是为主人取得的。

2. 但是现在处于本皇帝统治下的人，都不准在没有法律上所承认的原因时，用暴力对待自己的奴隶，或过分地虐待自己的奴隶。根据安多宁·庇乌斯帝[①]宪令的规定，毫无理由地杀害自己奴隶的人，如同杀害他人的奴隶一样，应受同样处罚。庇乌斯帝的另一宪令，又制止主人过分严酷。他在某些行省总督询问关于逃亡到庙宇里去和到皇帝塑像[②]那边去的奴隶的情况之后规定，如果认为主人的严酷难以忍受，可以强制主人在公平合理的条件下出卖奴隶，主人可以取得其价金。这是正确的，因为任何人不应滥用自己的财产，这是与公共利益有关的。安多宁帝颁给埃里·马其安[③]的批复，其内容如下："主人对于他们奴隶的权力不应受到减损，而且任何人的权利都不应受到剥夺。但是，奴隶如果有正当理由请求援助，以反对虐待、饥饿或不可忍受的

① Antoninus Pius，统治年代公元 138—161 年。

② 庙宇和皇帝塑像是神圣的东西，侵犯者将构成亵渎神圣的罪名，因此奴隶可以逃避到那里去，暂以避免奴隶主的虐待。在庇乌斯帝以前已有过其他承认奴隶法律地位的法律文件，例如彼得罗尼法（Lex Petrania，公元 19 年通过）禁止奴隶主不得长官许可而把奴隶送去同野兽搏斗作为惩罚；克劳提帝（Claudius，统治年代公元 41—54 年）的诏令规定，病老奴隶，经奴隶主遗弃的，成为自由人；哈德里安帝特别禁止奴隶主不得长官批准而杀死哪怕是犯罪的奴隶。这些是奴隶通过斗争，尤其是武装起义，迫使奴隶主阶级作出的让步。奴隶取得了某种法律地位以及奴隶主在方式上缓和对奴隶的剥削，都说明奴隶制的灭亡是无可挽回的。

③ Aelius Marcianus，罗马帝国前期法学家，著有《法学阶梯》16 卷。

侮辱,我们不应该拒绝给予援助,这对所有主人来说也是有利的。因此你应调查从犹里·萨宾家里逃避到皇帝塑像那边去的那些奴隶的诉怨,如果发现他们受到了太苛刻的待遇或重大侮辱,应命令把这些奴隶出卖,使他们不再回到他们主人的权力之下。如果萨宾要刁而规避我的宪令,他该知道,我将严厉地处罚他的违抗行为。”

第九篇　家长权

在我们合法婚姻关系中出生的子女,都处于我们的权力之下。

1. 婚姻或结婚是男与女的结合,包含有一种彼此不能分离的生活方式。

2. 我们对于子女所享有的权力是罗马公民所特有的,任何其他民族都没有像我们这种对子女的权力。

3. 因此,你和你妻子所生的子女是处于你权力下的;同样,你的儿子和他的妻子所生的子女,即你的孙儿女,也处于你的权力下;你的曾孙以及你的其他卑亲属亦同。但是你女儿所生的子女,不在你的权力下,而在他们自己父亲的权力下。

第十篇　婚姻

罗马公民依法律规定互相结合,缔结合法婚姻时,男方必须已经成熟，女方已达到适于婚姻的年龄[①]，无论他们是家长或家子，如系后者，则必须取得对他享有权力的家长的同意，因为自然理性和市民法都要求这样做，甚至事先就应该得到家长的同意。这里发生一个问题：精神病患者的子女是否可以结婚？由于关于儿子的问题，意见分歧，朕作出决定，认许精神病患者的儿子比照精神病患者的女儿可以无须取得父亲的同意为例，根据本皇帝宪令所规定的方式结婚。

1. 我们不是可以跟任何一个女人结婚的，因为有些女人，是不允许跟她们结婚的。尊卑亲属相互间不得通婚，例如父女之间、祖父孙女之间、母子之间或祖母孙子之间，如此等等。如果这种人互相结合，这种结婚是邪恶的，是乱伦的婚姻。甚至由于收养而发生尊卑亲属关系的人，相互之间也不得结婚，纵然收养关系消灭，通婚的禁止依旧存在。因此，由于收养而曾经是你的养女或养孙女，即使你已解除对她的家长权，也不得跟她结婚。

2. 旁系亲属之间也存在着同样的禁止规定，虽然所牵涉的范围，并不如此之广。兄弟姐妹间当然是禁止通婚的，无论他们是同胞或同父异母或同母异父都不能通婚。如果一个女人因被收养而成为你的姐妹，在收养关系存续期间，你肯定不能跟她结婚。但若收养关系由于解除家长权而消灭，你就能跟她结婚；如果你自己被

① 男子成熟（或女子达到适于结婚的年龄）与成年是两个不同的概念。成熟（或适于结婚）最初根据每个人的身体发育状态而定，但是很早的时候，对于女子适于结婚的年龄已定为 12 岁；至于男子成熟的年龄，法学家的意见至为分歧，查士丁尼帝把它固定为 14 岁。成年为 25 岁，公元前 2 世纪初的普莱托里法有规定。

解除了家长权，结婚也不受任何障碍。因此又规定，收养女婿为子的，必须先解除对他女儿的家长权，收养儿媳为女的，必须先解除对他儿子的家长权。

3. 不准娶兄弟姐妹的女儿为妻，也不得娶他们的孙女为妻，虽然她是四亲等血亲，因为既然不许可和某人的女儿结婚，自不得和他的孙女结婚。至于你父亲收养的女人所生的女儿，你可以跟她结婚，并无障碍，因为无论在自然法上或在市民法上，她跟你没有任何联系。

4. 但是兄弟或姐妹双方所生的子女，或一方是兄弟他方是姐妹所生的子女，相互之间可以结婚。

5. 不准跟姑母——即使是收养关系上的——结婚，同样也不得跟姨母结婚，因为她们都是处于尊亲属的地位。出于同样原因，跟姑祖母或姨祖母结婚也是禁止的。

6. 同样，为了尊重姻亲关系，跟某些人结婚是禁止的，例如，不准跟继女或儿媳妇结婚，因为她们都处于女儿的地位。这一点应该理解为她一度是你的继女或儿媳妇；因为如果她现在还是你的儿媳妇，这就是说，她还是你儿子的妻子，你不能跟她结婚还有另一个原因：因她不能同时成为两个人的妻子；同样，如果她还是你的继女，这就是说，她的母亲还是你的妻子，你不能跟她结婚，就因为一个人不许可同时有两个妻子。

7. 跟岳母和继母结婚也同样是禁止的，因为她们都处于母亲的地位。这也只适用于姻亲关系消灭之后。否则如果她现在还是你的继母，这就是说，她还是你父亲的妻子，根据普通法律规则她就不能跟你结婚，因为她不能同时有两个丈夫。同样，如果她现在还是你的岳母，这就是说，她的女儿还是你的妻子，你不得跟她结婚，就因为你不能同时有两个妻子。

8. 丈夫的前妻所生的儿子跟妻子的前夫所生的女儿，或者丈夫的前妻所生的女儿跟妻子的前夫所生的儿子之间都可以缔结有效的婚姻，哪怕他们在后一次婚姻关系存续中有兄弟姐妹。

9. 如果你的妻子在离婚后跟另一男人生下一个女儿，她不是你的继女；但是犹里安说应该禁止你同她结婚。又儿子的未婚妻不是父亲的媳妇，父亲的未婚妻也不是儿子的继母，可是禁止相互通婚，显得比较合宜而且合法。

10. 毫无疑问，当父亲跟女儿或兄弟跟姐妹获得释放时，在奴隶状态中形成的血亲关系，仍构成结婚的障碍。

11. 还有其他一些人，根据各种不同理由，禁止其通婚；这些理由我们已把从古法中收集的载入《学说汇纂》各卷中。

12. 如果违反以上条条而互相结合的，就不发生夫妻、婚姻、结婚关系，也不发生嫁资，在这种结合中所生的子女不处于父亲的权力之下。在家长权力问题上，他们与娼妓卖淫所怀胎者一样，被认为没有父亲的，因为他们的父亲是不确定的。正因为如此，人们称他们为 spurii，从希腊文“偶然”一字而来，或指无父之子。由此得出，在这种结合消灭后，不发生请求取回嫁资的问题。此外，违反法律禁止规定而结婚的人，还将受皇帝宪令所规定的其他处罚。

13. 有时可以发生这种情况，即子女出生时不处于家长权之下，事后始被置于家长权之下，例如非婚生子女被奉献于库里亚的[1],即成为处于家长权之下。又如一个自由女人生有子女,虽然法律不禁止她跟子女的父亲结婚,但她同他只是发生同居关系;事后如依朕的宪令的规定作成嫁资书契时[2],所生子女就成为处于家长权之下。朕的这一宪令产生与在同一婚姻关系存续中嗣后出生的其他子女同样的结果。

第十一篇 收养

处于我们权力之下的,不仅是亲生子女,正如上述,而且还有我们所收养的人。

1. 收养有两种方式,或通过皇帝批复,或通过长官的权力。通过皇帝的批复,我们有权收养那些自身有权力(sui juris 自权者)的男女,这种收养称自权者收养。通过长官的权力我们可以收养那些处于家长权力下的男女,无论他们是一亲等,例如子女,或是较远亲等,例如孙儿女或曾孙。

2. 但是现在,根据朕的宪令,如果生父把他的家子给予家外人收养,生父的权利不因此消灭;这些权利既不移转于养父,养子女也不处于后者权力之下,不过在养父死亡而未留遗嘱时,允许养

① 作为库里亚 curia 的成员是光荣的,但是负担很重,人们多方设法摆脱,以规避责任。为了充实愈来愈多的空额,西奥多西二世(408—450)决定生父得使其私生子成为库里亚的成员,从而使他取得婚生子女的地位;但生父必须给予他相当财产,以保证他对国家所负的责任。

② 借以确定合法婚姻成立日期。

子女有继承权。[1] 如果生父不把儿子给予家外人，而给予儿子的外祖父收养，或者生父已被解除家长权，而把儿子给予祖父、曾祖或外曾祖收养，在以上这些情况下，因为本于亲生关系和收养关系所产生的权利集中于一人，所以养父的权利——既基于自然纽带的联系，又经收养而在法律上得到巩固——全部保持不受影响，结果，养子既属于养父的家，又处于养父的权力之下。[2]

3. 通过皇帝批复而对未成熟者进行自权者收养时，必须经过本案的情况调查，始准收养；因此必须审查收养动机是否真诚，收养是否对未成熟者正当而有利。自权者收养必须具备下列条件：收养者应向公家人员，如公证人，提供保证，如果被收养者在未到成熟年龄时死亡，收养者必须把他的财产返还给如果不被收养则对他有权继承的人。又收养者不得解除对被收养者的家长权，除非经过本案审查之后，认为被收养者有理由被解除家长权，那时就必须把他的财产还他。但若收养者在临终时剥夺了他养子的继承权，或在生前无正当理由解除对他的家长权，应该将收养者全部财

① 查士丁尼帝以前，被收养者丧失他继承生父遗产的权利，但是，养父可能对他解除家长权，他因此会丧失继承养父遗产的权利，结果两头落空。为了避免这种情况的发生，查帝作出如正文的规定。

② 祖父或父亲有时对于自己的儿孙没有家长权，因此有可能发生祖父或父亲收养自己儿孙的事情。例如外祖父对于外孙从来不具有家长权；父亲对于已被解除家长权的儿子的儿女不具有家长权；又家长虽解除对儿子的家长权，但仍保持儿子的儿女在其权力之下，因此被解除家长权的父亲对于自己的儿女不具有家长权。在以上各种情形下，唯有通过收养才能取得对被收养者的家长权，从而赋予法定继承权。此时，收养的一般效果被全部保持：被收养者被收入收养者的家中，并改处于后者权力之下。收养者既非家外人，而且本来是尊亲属；所以无须顾虑他会平白解除对被收养者的家长权，而使他两头丧失继承权。

产的四分之一给他，再加上他在被收养时带给收养者以及后来为收养者取得的财产。

4. 年幼的人不得收养年长的人，因为收养是模仿自然，如果儿子的年龄大于父亲，那就显得不自然了。因此，凡是收养自权者或收养别人为自己儿子的，必须在年龄上超过被收养者完全成熟的时期，即 18 岁。[①]

5. 任何人即使自己没有儿子，亦得收养一个孙儿或孙女、曾孙儿女或任何其他卑亲属。

6. 任何人可以收养他人的儿子为自己的孙子，或他人的孙子为自己的儿子。

7. 任何人如果收养孙子作为自己养子的儿子，或作为处于自己权力下的亲生子的儿子[②]，在这种情形下，必须得到儿子的同意，以免给予一个他所不愿要的自权继承人。反之，祖父可以把他的孙子给予他人收养而无须得到儿子的同意。

8. 任何人通过收养或自权者收养的方式被人收养的，在许多方面，跟在合法婚姻关系中出生之子相同。因此，只要收养者所收养的不是家外人，他可以把所收养的人，无论是通过皇帝批复或在大法官或行省总督前收养的，给另一个人去收养。

---

① 男子成熟，一般定为 14 岁。到了 18 岁，称为完全成熟，因为到了这个年龄，无论如何身体已经发育健全。

② 收养孙子，可以有两种不同情形：(a)不替被收养者指定父亲，因此收养者儿子与被收养者之间的关系是叔伯侄儿关系。如收养者死亡，被收养者成为自权者，从而成为自权继承人。(b)收养者就自己的儿子中为被收养者指定父亲；如收养者死亡，被收养者不成为自权者，而是改处于其父亲的权力下。只有在他父亲死亡时，他始成为自权继承人，因此在收养时必须得到儿子的同意。

9. 以下一点也是上述两种收养所共同的，即不能生育的人，例如患阳痿者，可以收养，而去势者不得收养。

10. 又妇女不得收养，因为即使是她们的亲生子女也不处于她们的权力之下；但是由于皇帝的仁慈，在亲生子女丧亡后，她们可以被准许收养，以资慰藉。

11. 通过皇帝批复的收养具有以下特点：如果有子女处于其权力下的人委身而被人以自权者收养的方式收养时，不但他本人，而且在他权力下的子女作为孙儿女，一起处于收养者的权力之下。奥古斯都帝就是在提贝里收养日耳曼尼科之后，才收养前者，因此一经收养，日耳曼尼科立即成为奥古斯都的孙子。

12. 我们从古人那里获知，加都[①]正确地写道，奴隶一经主人收养，就成为自由人。根据这种意见朕在宪令中规定，奴隶经主人以严肃的文书行为称他为其儿子时，即获得自由，虽然他并不因此取得儿子的权利。

第十二篇　关于家长权的权利消灭的方式

兹进而探讨，处于他人权力下的人是用什么方式来脱离别人的权力的。从上述关于奴隶的释放，已知奴隶是怎样从主人权力下释放出来的。至于处于家长权下的人，在家长死亡时，即成为自权者，但这一规则必须作出下列区别：父亲死亡时，子女当然成为

① Lucinianus Cato，罗马共和国时期法学家，卒于公元前152年，坚持彻底毁灭迦太基的老加都的儿子。

自权者;如果祖父死亡,孙儿女不一定成为自权者,唯有在祖父死时他们不改处于父亲的权力下时,他们才成为自权者。因此,如果祖父死时,父亲还活着并处于他的权力下,那么祖父死后,他们就受父亲权力的支配,但若祖父死时,他们的父亲已经死亡,或者已经不处于祖父的家长权之下,那么由于他们不可能受他们父亲权力的支配,就成为自权者。

1. 由于犯罪而被流放岛上的人,丧失罗马公民的公民权;因此,被排除于罗马公民之外的人,如同死亡一样,他的子女不再处于他的权力之下。同样,儿子如被流放,就不再处于家长权之下。但是由于皇帝的恩典而获得赦免的人,他在一切方面都恢复其原有的地位。

2. 被放逐到岛上的父亲仍保持其对子女的权力,同时,被放逐的子女也仍处于家长权之下。

3. 被判处成为刑罚上的奴隶的人,其子女不再处于其权力之下。凡被判在矿井劳动或被委弃于野兽的,都是被判处成为"刑罚上的奴隶"的人。

4. 如家子已成为军人、元老或执政官,他仍处于家长权之下,兵役以及执政官的显赫地位都不足以使儿子脱离家长权。但是根据本皇帝的宪令,一经皇帝颁发特许状给予贵族的最崇高地位,立即使儿子摆脱家长权。否则怎能讲得通呢,父亲可以有权使儿子解脱他的家长权的羁绊,而皇帝的崇高威望则不足以使他把他所选为国家父老的人从他人的权力下解放出来?

5. 如家长为敌人所俘,纵然他成为敌人的奴隶,他对子女的家长权,由于回国权(jus postliminium),而仅处于中止状态;因为被敌俘虏的人，一旦重返家园，即回复其原有的一切权利。因此，他一旦返归，其子女仍处于其权力之下，因为回国权假定被俘的人始终留在国内。但若他在被俘中死亡，其儿子应认为从他父亲被俘那天起成为自权者。同样，如果儿子或孙子为敌人所俘，由于回国权，家长权也只处于中止状态之中。postliminium 一词源于 limes（门槛）和 post（后来），因此，为敌人所俘而后来重入我们疆界归来的人，我们就说他依回国权而回来。正如家里的门槛是一种界限，古人也把疆界看成帝国的门槛。因此 limes 一词亦指疆界、边境而言。由此产生 postliminium 一词，意思是俘虏重新跨进当初他在那里失踪的那个门槛而回来。从被战败的敌人手中重新夺过来的俘虏也被视为依回国权而回来的。

6. 除此之外，子女由于解除家长权而不再处于家长的权力之下。从前，解除家长权是依照古代法律规定的形式即通过虚拟出卖，继以释放仪式[①]，或通过皇帝批复而成立的。[②] 但是朕凭着自己的智慧在这一点上以宪令加以加进。从前的虚拟程序已经废弃，家长可以直接到主管审判员或长官那里，把子女、孙子女或其卑亲属从家长权力下解脱出来。然后，又根据大法官告示，家长对

① 十二表法并未直接规定家长得解除对其儿子的家长权，但提供了一个间接办法。十二表法规定："父亲三次出卖他的儿子的，儿子即脱离其父亲的权力。"因此，父亲欲解除对儿子的家长权的，便利用这一规定，与友人商定一种虚拟买卖。在一般情形下，父亲出卖儿子，而买受者后来把儿子释放的，儿子并不成为自权者，而重新处于父亲的权力下。但在第三次出卖后买受者又把儿子释放的，买受者而非出卖者（父亲）享有保护人的权利（包括监护权和继承权）。因此，他的父亲必须在与友人商定虚拟买卖时，设法为自己保留相同于保护人的权利。又十二表法明文规定的是"儿子"，因此根据法学家的解释，如系女儿或孙子，经一次出卖，即脱离家长的权力。

② 指公元 6 世纪初阿纳斯塔西帝（Anastasius）实施的办法。

于被解脱家长权的子女、孙子女的财产，获得如同保护人对被释放者的财产所具有的那种权利。此外，如果这些子女或其他卑亲属尚未成熟，家长解除对他们的家长权时成为他们的监护人。

7. 必须指出，凡有儿子在其权力下，又通过儿子而有孙子或孙女在其权力下的人，可以解除其儿子而保持其孙子或孙女在其权力之下，同样，他也可以解除其孙子或孙女而保持其儿子在其权力之下（以上所述亦适用于曾孙子女）。他也可以使他们成为自权者。

8. 如果父亲把在他权力下的儿子交由亲祖父或亲曾祖父收养，并依照本皇帝宪令关于这一问题的规定完成手续——即向主管法官以正式行为表示其意思，被收养者在场未表示反对，收养者也同样在场——那么生父的家长权即归消灭，而转移于养父；对这种养父说来，收养具有它的全部效力，已如上述。[①]

9. 必须知道，如果你的儿媳因你儿子而怀孕，在她怀孕期间，你解除对儿子的家长权或把儿子给予他人收养，她所生的子女仍不失为在你权力之下出生的；但若是在解除家长权或收养之后怀孕的，则所生子女处于其被解除家长权的父亲或养祖父的权力之下。亲生子女或养子女无法或几乎无法迫使他们的家长把他们从其权力下解放出来。

① 见本《法学阶梯》，1.11.2。

第十三篇　监护

让我们研讨另一个类别，不处于家长权力下的人，其中有些是在他人监护之下，有些在他人的保佐下，有些既不受他人监护也不受他人保佐。我们将探讨哪些是在他人监护或保佐下的是人，这样，我们可知道不受他人监护或保佐的是哪些人了。首先考察在他人监护下的人。

1. 根据塞尔维·苏尔毕企[①]所下的定义，监护是市民法所赋予和允许的、对自由人[②]所行使的权威和权力，以保护由于年幼而不能护卫自身的人。

2. 监护人是具有这种权威和权力的人，他们从职务性质而得名，他们之所以叫做“监护人”是因为他们是保护人和护卫者，正如人们把看管庙宇的人叫做“庙宇看管人”一样。

3. 家长得以遗嘱为在他们权力之下的未成熟的子女指定监护人。这对儿子和女儿来说都是一样。但是祖父不能以遗嘱为孙子女指定监护人，除非在他死亡后，孙子女不改处于他们的父亲的权力之下。因此，如果你的儿子在你死亡时处于你的权力之下，你不能在你的遗嘱中为你儿子的子女即你的孙子女指定监护人，哪怕他们是在你的权力下，这是因为你死亡之后，他们将处于他们的

① Servius Sulpicius，罗马共和国时期法学家，公元前51年担任执政官，主要著作有《大法官告示释义》，这是对大法官告示的第一部注释。

② 指自由人而且是自权者而言。如在他人权力下而受家长保护的，不发生监护问题。

父亲的权力之下。

4. 正如死后出生者[①]在许多其他方面被认为与在其父亲死亡前出生的相同，这里也是一样，可以同样为死后出生者和既经出生的子女以遗嘱指定监护人，但仅以死后出生者如出生在家长生前将是自权继承人并处于其权力之下的为限。

5. 但若父亲以遗嘱为其已被解除家长权的儿子指定监护人，在任何情形下都应由行省总督以裁决确认，无须经过调查。

第十四篇　哪些人可在遗嘱中被指定为监护人

不仅家长而且家子亦得被指定为监护人。

1. 人们亦得以遗嘱指定自己的奴隶为监护人，同时给予奴隶自由。必须指出，如指定奴隶为监护人而未赋予自由时，奴隶仍被视为根据默示取得直接自由[②]，得为合法的监护人。但若误以为自由人而指定奴隶为监护人，则又当别论。如无条件地指定他人的奴隶为监护人，其指定不发生效力；但如附加“当其获得自由时”那样的条件，则成为有效的指定。指定自己的奴隶为监护人而附

① 死后出生者指在死后出生的婴儿，这可在各种不同关系上来说，或在祖父、叔伯，或在其兄死后出生；其在父亲死后出生的，在我国俗称遗腹子。

② 以遗嘱释放奴隶，可以有两种不同的情形，或由遗嘱人直接表示其意思，或采用信托遗给的办法，即遗嘱载明由继承人释放奴隶。在前一种情形下，奴隶于继承人承受遗产时当然获得自由，他是遗嘱人释放的（见本《法学阶梯》，2.24.2）；在后一种情形下，他必须俟继承人或其他受托人实行释放，始获得自由。

有上列条件的，其指定无效。[①]

2. 以遗嘱指定精神病患者或不满 25 岁的人为监护人时，必须俟其精神恢复正常或年满 25 岁时，始得行使监护职务。

3. 毫无疑问，可以在指定监护人时限定其职务到一定时间为止或从一定时间开始，或在指定时附有条件，或在指定继承人前指定之。

4. 不得对某一物品或事务指定监护人，因为监护人是对于人而不是对于物或事务指定的。

5. 任何人如为自己的子女指定监护人，应视为同时为其死后出生的子女指定监护人，因为子女一词包括死后出生的子女在内。但若有孙子女时，为儿子指定的监护人是否及于孙子女？如指定所使用的是儿孙一词，答案应是肯定的；如所使用的是儿子一词，答案应是否定的，因为儿子和孙子是两种不同的称谓。但如为死后出生者指定监护人，死后出生者一词显然包括死后出生的儿子和孙子等一起在内。

① 因为他显然没有释放该奴隶的意思。

第十五篇　宗亲的法定监护

在未以遗嘱指定监护人时，依十二表法的规定，应以宗亲[①]为监护人，称“法定监护人”。

1. 宗亲是通过男性即通过父亲而相联系的，例如同父兄弟，兄弟的儿子或其儿子之子；又如叔伯，叔伯的儿子或其儿子之子。通过女性而相联系的不是宗亲，而仅仅是自然关系上的血亲。因此姑母的儿子不是你的宗亲，而只是血亲，反过来，你也以同一亲属关系与彼相联系，因为子女总是隶属于父亲的家而不是母亲的家。

2. 法律规定无遗嘱时以宗亲为监护人，这一规定不仅仅指指定监护人的人于死亡时根本未立任何遗嘱，同时也应指他并未就监护一事在遗嘱中有所载明而死亡。后一情况包括被指定的监护人在遗嘱人生前死亡的情况。

3. 宗亲的权利一般由于身份减等而消灭，因为宗亲是市民法

① 宗亲构成市民法上家庭的基础。这种家庭包括家长和所有在他权力下的自由人：(a)主母，是家长之妻，由于改宗婚姻而处于家长权力下，与女儿等同看待。如系不改宗婚姻，则她依然隶属母家；(b)家子和家女，是家长在合法婚姻关系中所生的子女，或他所收养的子女；(c)改宗的媳妇(与孙女等同看待)；(d)孙儿女，是儿子的亲生或家长所收养的，以及孙子的改宗妻室。以上这些人是家长的宗亲，他们相互间也存在着宗亲关系。一旦家长把他们置于家长权之外而使之脱离家庭，他们即终止为宗亲，从而丧失一切继承权、监护权和保佐权。

血亲是血统上的联系，不分男系和女系。从共和国末期起(公元前1世纪)，血亲的法律上地位开始有了改进。最初大法官，随后元老院，最后皇帝都承认血亲在继承和监护上有一定地位，他们相互间也有扶养义务。由于奴隶制度逐渐灭亡，旧时家庭基础也必然发生动摇。公元544年，查帝废止宗亲，从此罗马法上的家庭才完全建立在血亲关系上。

上的名称；至于血亲的权利不都总因为身份减等而消灭，因为市民法可以取消民事权利，但不能取消自然权利。

第十六篇　身份减等

身份减等指原来身份的变更，有三种方式：身份大减等，较小的亦称身份中减等，和身份小减等。

1．身份大减等指某人既丧失其公民资格又丧失其自由。这种情况的人，或是受到严峻的判决而成为"刑罚上的奴隶"的人[①]，或是对于保护人忘恩负义而受不利判决的被释自由人[②]，或是意图分得价金而听由他人将自身出卖的人[③]。

2．较小的或身份中减等指某人丧失其公民资格，但仍保持其自由，例如被禁止使用水火的人，或被流放岛上的人的情况。

3．身份小减等指某人身份改变而仍然保持其公民资格和自由，例如，原来是自权者而现在变成处于他人权力之下[④]，或原处于他人权力之下而现在成为自权者的情况[⑤]。

4．奴隶被释放，不是身份减等，因为他原来就没有身份。

5．如果级位变更而不是什么身份改变，也不是身份减等。因此被革除元老职位的，并不发生身份减等。

① 见本《法学阶梯》，1.12.3。

② 被释自由人因对于保护人（即释放他的主人）忘恩负义而受不利判决的，重新成为其主人的奴隶。

③ 见本《法学阶梯》，1.3.4。

④ 例如通过自权者收养。

⑤ 例如被解除家长权。

6. 身份减等的人的血亲权利依然存在这一说法，乃是指身份小减等而言，有此情形时，血亲权利确实不因此而消灭。如果发生身份大减等，血亲权利随同丧失，例如血亲之一沦为奴隶，即使以后他被释放，血亲权利不因此而恢复。被流放岛上的人，其血亲权利亦消灭。

7. 监护权虽然属于宗亲，但非同时属于宗亲全体，而只属于最近的亲等；如同一亲等有数人时，属于该亲等的全体。

第十七篇　保护人的法定监护

根据十二表法的同一规定，对被释放男女的监护，属于保护人及其子女[①]；这种监护亦称法定监护，这并非因为这种监护有法律的明文规定，而是因为通过解释已被确定下来，如同法律明文规定的一样。正因为法律规定被释放男女死亡而无遗嘱时，其遗产归属保护人及其子女，所以古人认为法律的意思是把监护职务也归属他们，因为法律规定有权继承遗产的宗亲也就是它规定为监护人的人；这是根据下列原则而来的，即在大多数场合，享有继承利益的人应承受监护的负担。我们说“大多数场合”，因为如果一个妇女释放了未成熟的奴隶，她有遗产继承权，但监护人却是另一个人。

① 未成熟的奴隶被释放的，需要监护。一般说来，被释奴隶开始了一个新生命，即市民法上的生命。但是他踏进社会而无家可归，因此人们把他归在释放他的那个奴隶主家里，后者称保护人，其所享有权利的内容如下：(a)尊敬服从，被释放者应对保护人表示非常尊敬和服从；(b)服务，被释放者应对保护人服务，从事家庭劳动或生产劳动(如果在释放时，主人提出了这种条件而奴隶表示承诺的话)；(c)对遗产的权利，保护人对被释放者的遗产享有继承权(见本《法学阶梯》，3.7)。

第十八篇　家长的法定监护

比照保护人监护的例子的，还有一种监护，亦称法定监护：如果任何人对他的尚未成熟的儿子或女儿、儿子所生的孙子女或其他卑亲属解除对他们的家长权，他即是他们的法定监护人。

第十九篇　信托监护

另有一种监护称作信托监护。因为一位家长，对未成熟的子女、孙子女或其他卑亲属解除对他们的家长权，他即是他们的法定监护人；如家长死亡时遗有儿子，后者就成为他自己的儿子[①]，或兄弟姐妹，或死者的其他卑亲属的信托监护人。可是，当担任法定监护职务的保护人死亡时，他的子女均成为法定监护人。这一区别是因为死者的儿子，如在父亲生前未被解除家长权，在父亲死亡时，即成为自权者，并不处于他兄弟的权力之下，从而不受其监护；可是被释的自由人，假使他未被释放而依然是奴隶的话，在保护人死亡后，他将同样成为其保护人子女的奴隶。但无论如何，这些人必须成年[②]，始得为监护人，这是本皇帝宪令的一般规定，它适用于一切监护人和保佐人。

① 例如祖父解除对孙子的家长权，但仍保持其儿子在自己的权力之下；祖父死亡，儿子就成为他自己儿子（已被解除家长权）的信托监护人。

② 25 岁，参阅本《法学阶梯》，1.14.2。

第二十篇　根据阿提里法的监护人和根据犹里和提第法的监护人

如某人无任何监护人，在罗马城的，根据阿提里法[①]由城市大法官[②]和过半数的平民护民官为之指定监护人，在外省的，根据犹里和提第法[③]由总督为之指定监护人。

1. 又如以遗嘱指定监护人而附有条件或始期的，在条件未完成、始期未到前，得根据这些法律指定另一监护人。同样，如果监护人的指定并不附有条件，在无人根据遗嘱以继承人身份承受遗产前[④]，亦可以根据这些法律指定监护人。但是，一俟条件完成，始期达到或继承人承受遗产时，其监护职务即告终止。

2. 又若监护人为敌人所俘，亦得根据这些法律要求指定监护人，后者于被俘人返国后终止其监护职务，因为第一监护人既已回国，根据回国权，他就恢复了监护职务。

3. 但自从执政官根据调查，随后大法官根据宪令开始为无论男女受监护人指定监护人以来，已不再根据这些法律指定监护人了；因为上述这些法律既不规定要求监护人提供担保，以保障受监护人的财产，又不规定强制监护人履行他们的责任。

---

① Lex Atilia，具体年代不详，但是可以肯定在公元前 197 年是存在的。

② Praetor urbanus，专处理罗马城内公民间的诉讼事件，至于罗马人与外国人间以及外国人相互间的诉讼事件则由外事大法官处理。

③ Lex Julia et Titia，公元前 31 年左右通过。

④ 在继承人未承受遗产前，遗嘱不发生效力，而监护人须俟遗嘱发生效力，才可以开始行使职务。

4. 根据现行法，在罗马，是由城市长官或大法官各根据其管辖权指定监护人，在外省则由总督于调查后指定督护人；如受监护人的财产不多，亦可由较低级官吏奉总督之命指定之。

5. 但是为了消除对不同人所作规定所产生的困难以及避免等待总督的命令起见，朕在宪令中规定，如受监护人或未成年人的财产不超过 500 个索拉杜斯[①]时，得由市防护官[②]会同当地主教，或其他公职人员，或由长官，或在亚历山大城则由审判员指定监护人或保佐人。但是根据同一宪令的规定，后者必须提供法定保证，即由接受者承担风险。

6. 未成熟者应受监护，这是合乎自然法的；从而幼年人都可受到他人管理。

7. 监护人既管理受监护人的事务，所以受监护人成熟后，得提起监护之诉请求监护人报告经管的状况。

第二十一篇　监护人的核准

有些场合监护人对受监护人行为的核准是必要的，在另一些场合则不必要。例如受监护人与他人约定，由他人给予他某物，即不必获得监护人的核准，但若受监护人向他人作出承诺，则须得到监护人的核准；因为规则是，受监护人得不经监护人的核准而使自

① Solidus，帝国后期通行的金币单位。

② Defensor civitatis，设于帝国后期，旨在保护贫农，以免税吏和大地主的不法勒索；结果，这些市防护官反而成为后者的工具。

己的状况改善[①],但对自己有所不利时,非得到监护人的核准不可。因此,在产生相互债务的场合,例如买卖、租赁、寄托等,如未得监护人的核准,与受监护人订约的一方受契约的约束,而受监护人则不受约束。[②]

1. 虽然如此,受监护人非经监护人核准,不得承受遗产,请求占有或受领信托遗给的遗产,纵然这些行为会对受监护人有利而并不使他承担风险。[③]

2. 监护人如认为任何行为对受监护人有利,必须在行为时亲自立即予以核准。事后核准或用书信表示,不生效力。[④]

3. 如监护人和受监护人之间发生诉讼,由于监护人就其本身诉讼事件不能以给予核准者的身份出现,所以应为受监护人指定保佐人,但不是过去那样的大法官的监护人[⑤],在保佐人的协助下进行诉讼。一旦诉讼结束,保佐人即终止其职务。

① 例如受领赠与物,接受债务免除等。

② 承诺负担债务,哪怕这一债务是取得利益的代价,对承诺一方说来仍不失为法律上的不利。如受监护人已受领他方根据契约所作的给付,契约的他方当事人仅得以受监护人的不当得利为理由请求返还。如受监护人已作出给付,监护人得强制契约的他方当事人按契约的内容作出对应给付。另参阅本《法学阶梯》,2.8.2。

③ 因为继承遗产同时应承担被继承人的债务。

④ "核准"一词,原文与"核准者"一词有联系。最初,契约的他方当事人尚须与监护人进行问答:"你成为核准者吗?——我成为核准者。"随后不再进行这种问答,但监护人仍始终被认为应当积极参与订约。因此,他的核准既不得采取事前允许,也不得采取事后承认的方式。

⑤ Tutor practorius,因由大法官指定,故名。这是一个例外,因为原则上不得就特定事务指定监护人(见本《法学阶梯》,1.13.4)。

第二十二篇　监护关系终止的方式

男女受监护人成熟时，即解除受监护的地位。古人判断男性是否成熟，不仅根据年龄，而且根据身体发育状况。但是我们为求得合乎我们时代的纯洁观念认为，古人对检查女性身体发育状况所认为不体面的事，对男性说来也应该是不体面的。因此朕以神圣宪令公布，规定男满 14 岁为成熟，另一方面保持古人对女性定下的正确规则，即满 12 岁应认为可以结婚。

1. 同样，如受监护人在未成熟前，通过自权者收养而被人收养，或被流放，由于对保护人忘恩负义而沦为奴隶，或被敌人所俘，监护关系即告终止。

2. 又若以遗嘱指定某人为监护人，遗嘱载明监护职务到一定条件完成时终止，于条件完成时，该人即终止为监护人。

3. 监护关系也由于监护人或受监护人死亡而终止。

4. 又当监护人由于身份减等而丧失其自由或公民资格，监护关系全部终止。但在身份小减等时，例如监护人被人收养，仅法定监护终止，其他各种监护不受影响。不过受监护人的任何一类身份减等，纵然是小减等，也总是使监护关系终止。[①]

5. 此外，以遗嘱指定的监护人，其职务规定有一定期限的，一旦期限届满，监护人即解除其职务。

6. 监护人因有嫌疑而被解除职务的，或由于正当理由提出辞

① 因为受监护人现已终止为自权者，而处于收养者的权力之下。

去其职务，根据下文规定解脱监护职务的，也终止成为监护人。

第二十三篇　保佐人

成熟的男性和达到结婚年龄的女性在未满 25 岁前，应有保佐人，因为他们虽已成熟，但是在这种年龄，他们还不能保护自己的利益。

1. 保佐人由指定监护人的同一长官指定之。不得以遗嘱指定保佐人；但已由遗嘱指定的保佐人，得由大法官或总督以命令批准之。

2. 少年并无义务违背自己的意愿而接受保佐人；但在进行诉讼上除外，因为也可以专为特定目的指定保佐人。

3. 精神病患者和挥霍无度的人，虽然已超过 25 岁，根据十二表法，他们仍处于其宗亲的保佐下。但在通常情形下，在罗马城由城市长官或大法官、在外省由总督于进行调查后指定保佐人。

4. 精神不正常的人、聋子、哑巴和患不治之症的人，由于不能管理自己的事务，都必须为他们指定保佐人。

5. 有时也可以为受监护人设置保佐人，例如当法定监护人不称职时；因为有了监护人之后，就不能再为之指定监护人了。同样，如果以遗嘱或由大法官或总督指定的监护人不适宜于管理受监护人的事务，即使在管理中并无任何欺诈情况，通常可指定一名保佐人与监护人共同任职。又监护人暂时而非永久辞去职务的，往往可以指定保佐人代行其职务。

6. 如果监护人因疾病或其他原因，不能管理受监护人的事务，而受监护人本人又不在场或仅是一个幼儿，在此情形下，大法官或省总督得由监护人提名以命令指定受监护人的代理人，由监护人承担其风险。

第二十四篇　监护人或保佐人提供担保

为了避免监护人或保佐人浪费或毁坏受监护人或置于保佐人下的人的财产，大法官应注意责令他们提供担保。但是并非一律都须提供担保。对于遗嘱指定的监护人，不强制其提供担保，因为这种监护人业经遗嘱人本人认为是正直和勤勉的。经调查后被指定的监护人或保佐人也免于提供担保，因为他们是被认为合适而选定的。

1. 倘若以遗嘱或由长官经调查后指定的监护人有两个或两个以上，其中一人为了补偿受监护人或少年可能受到的损失，提供了担保，则应被认为比他的共同监护人或共同保佐人更为合适，从而由他单独行使职务，或者迫使其他共同监护人或共同保佐人为了能成为更加合适成为单独行使职务者，也提供担保。由此可见，他本人不得要求他的共同监护人或共同保佐人提供担保，而必须自己提供担保，借以促使共同监护人或共同保佐人作出选择，或者接受或者他们自己也提供担保。如无人提供担保，而其中一人经遗嘱指定负责管理财产的，即由他管理。如未经这样指定，则根据大法官告示规定，应由监护人中以多数票选出的人实行管理。但若监护人中间对于哪一人应被选实行管理发生意见分歧，大法官应加干预。如经长官调查后指定几个人为监护人，也由被指定人的多数票选出应实行管理的人。

2. 必须指出，不但监护人或保佐人就其管理财产的行为应对受监护人、未成年人和其他人等负责，而且受监护人等得对接受担保的长官提起辅助诉讼，作为他们的最后保障手段。提起辅助诉讼，或者因为长官疏忽，根本未令监护人或保佐人提供担保，或者因为他们接受了不充分的担保。根据法学家的解答和皇帝宪令，这种辅助诉讼也可对长官的继承人提起。

3. 这些宪令也明文规定，如监护人或保佐人不提供担保，得用强制手段扣押其财产作为担保。

4. 不得对城市长官、大法官、总督和其他有权指定监护人的人提起辅助诉讼，只有其经常职责是要求提供担保的人，才可对其提起诉讼。

第二十五篇　免除担任监护人或保佐人

根据各种不同理由可以免除担任监护人或保佐人，最通常的理由是子女众多，无论是在其权力下的或经解除家长权的。如果在罗马城有活着的子女三人，在意大利有四人，在外省有五人，可以免除担任监护或保佐职务，正如他可以免除担任其他职务一样，因为监护和保佐都被认为是公职。但是养子女不计算在内，被收养者应算在生父方面。儿子所生的孙子，如其取代父亲的位置的，应计算在内；至于女儿所生的则不计算在内。只有活着而不是已死亡的子女才能计算在内而构成免除担任监护或保佐职务的理由。这里发生一个问题：在战争中死亡的是否应计算在内，经决定只有阵亡的才算，因为他们为国牺牲的光荣使他们永生不灭。

1. 玛尔库帝在元老院会议录上批复宣布，管理国库的人，在其管理期间得免除担任监护或保佐职务。

2. 因国事出差的那些人，亦得免除担任监护和保佐职务。凡已经指定担任监护或保佐职务，随后因国事出差的，得在其出差期间免除其监护或保佐职务；在这一期间，另指定保佐人代替之。一旦返归，他们必须重新担起监护职务。根据伯比尼安[①]《答疑集》第五卷所载，他们不享有在一年期内免于任职的权利，只有在他们被指定担任新监护职务时才能享有这种权利。

3. 担任掌权公职的人得根据玛尔库帝的批复而免除担任监护职务，但是已经承担起的监护人职务，不得加以放弃。

4. 监护人或保佐人不得以同他的受监护人或少年发生诉讼而免除担任职务，除非争端牵涉他的全部财产或有关遗产。

5. 身任三件不是自己要求的监护或保佐职务的人，在他同时执行三件职务期间，亦构成免除再担任同样职务的理由。但是对几个受监护人的监护，或对属于几个人的同一份财产所行使的保佐，如受监护人或未成年人是兄弟时，则作为一件职务计算。

6. 如经证明由于贫困致无法胜任加在他身上的负担时，根据兄弟皇帝[②]的批复和玛尔库帝的单独批复，亦得作为免除担任的

① Aemilius Papinianus，有罗马法学家之"王"之称。公元 203 年左右担任塞普提米的近卫军长官。212 年在卡拉卡拉帝政争中被杀害。著作不多，主要的有《疑问集》(*questiones*) 37 卷和《答疑集》(*responsa*) 19 卷。

② 指玛尔库·奥雷里(Marcus Aurelius)和卢企·维鲁(Lucius Verus)，公元 161 年起他们共同执政；169 年维鲁死亡，遂由奥雷里单独统治。本书中载"玛尔库帝"即指他。

充分理由。

7. 因健康关系致不能管理自己事务的，亦构成免除担任的理由。

8. 根据庇乌斯帝的批答，文盲亦构成免除担任的理由，可是文盲往往是有管理事务的能力的。

9. 如父亲怀有敌意而以遗嘱指定某人为监护人，这个情况本身就构成免除担任的理由，另一方面，任何人已向受监护人的父亲承诺担任监护职务的，则不能推辞。

10. 根据兄弟皇帝的批示，仅仅不认识受监护人的父亲，不得据以为免除任职的理由。

11. 如对受监护人或未成年人的父亲有刻骨仇恨，迄未消释，这种仇恨通常亦构成免除担任监护人的理由。

12. 如受监护人的父亲对某人的身份曾提出疑问，后者亦得据以免除担任监护人职务。

13. 70 岁以上的人得免除担任监护或保佐职务。不满 25 岁的未成年人在以前是可以免除担任的。既然本皇帝的宪令禁止他们谋求监护或保佐职务，也就不发生免除担任的问题。这一宪令规定无论受监护人或未成年人都不得担任法定监护人；因为本身尚受他人管理，并被认为需要他人的帮助来管理自己的事务的人，如担任别人的监护人或保佐人，那是不合情理的。

14. 同一规则亦适用于军人。即使他们愿意，也不容许他们担任监护人或保佐人。

15. 罗马城的语法学家、修辞学家和医师，以及在其本地操这种职业而在法定人数以内的人，免除担任监护或保佐职务。

16. 意欲免除担任职务的人如具有多种理由，而其中有若干种是不成立的，仍无碍其在规定期间提出其他理由作为根据。意欲免除担任职务的人不得上诉；但是不论他们属于哪一种类，即无论监护人是怎样被指定的，如果他们距离他们被指定的地点100里以内，则从获悉被指定时起50天内，必须表明免除担任职务的意思。如果居住在距离100里以外的地方，则每20里算一天，外加30天。但是正如斯凯伏拉[①]所说的，无论怎样计算，不得少于50天。

17. 被指定的监护人被认为是就全部财产而指定的。

18. 凡对他人已经行使监护职务的人，不得违背他的意愿强使他兼任保佐人；因此，虽然父亲在遗嘱中指定监护人时并指定其兼为保佐人，如被指定者不愿意即不得强制其兼任保佐职务。塞维尔帝和安多宁帝[②]的批复就是这样规定的。

19. 同上皇帝批复决定，丈夫被指定为其妻子的保佐人的，尽管他是干预她的事务的，亦可以辞不接受。

20. 任何人由于虚伪陈述而免除担任监护职务的，其监护义务并不因而解除。

① Quintus Mucius Scaevola，罗马共和国时期法学家，公元前95年担任执政官，卒于82年。

② 塞普提米·塞维尔(Septimius Severus)于公元193年即帝位，198年使他的儿子安多宁成为共同统治者，故两人之名并立。211年塞维尔死亡，安多宁杀其弟而单独统治，极暴虐，后人替他起了许多绰号，其中一个叫卡拉卡拉(Caracalla)，后世即以此称之。

第二十六篇　受怀疑的监护人和保佐人

必须指出，控诉被怀疑的监护人和保佐人的权利是从十二表法来的。

1. 革除被怀疑的监护人的权利，在罗马城属于大法官，在外省属于总督和副执政官的副官。

2. 朕既已指出有权受理对被怀疑者提起控诉的长官，现在须考察谁可能成为被怀疑的对象。一切监护人，无论他们是以遗嘱指定的，或是其他种类的监护人，都可能成为被怀疑者。因此，甚至法定监护人亦得被控诉。至于保护人呢？他也同样可以被控诉；但必须记住，纵使他作为被怀疑者而被革职，他的名誉应予维护。

3. 现在探讨一下谁可以控诉被怀疑者。这种控诉是有某种程度的公开性质，即一切人都可提起。根据塞维尔帝和安多宁帝的批复，甚至妇女亦可提起控诉，但以受天性情感驱使而不能自抑者为限，例如母亲、乳母或祖母、姐妹等都可以提起控诉。其他妇女，如经大法官认为她旨在尽其责任，又不越出女性应有的雅淑，实本于天性情感而不能忍受加于受监护人的损害的，亦得提起控诉。

4. 未成熟者不得以其监护人为嫌疑者而提起控诉，但成熟者得在近亲的顾问下以保佐人为嫌疑者而提起控诉。塞维尔帝和安多宁帝的批复就是这样决定的。

5. 犹里安[①]写道，监护人不忠实行使其职务的，即使他有支付能力，仍是被怀疑者。他又认为，监护人在开始行使监护职务前，也可以有嫌疑而被革职，根据这一意见已制定了一项宪令。

6. 被怀疑者因欺诈被革职的，是不名誉的人，只因过失而被革职的则不然。

7. 根据伯比尼安的意见，对任何人作为被怀疑者而起诉时，在诉讼结束以前，应停止其行使职务。

8. 对作为被怀疑的监护人或保佐人开始起诉，而在诉讼进行中死亡时，诉讼即告终止。

9. 塞维尔帝和安多宁帝批复规定，如监护人不出面为其受监护人规定生活费数额时，得使受监护人占有监护人的财产，于指定保佐人后，得将因迟延而易致腐烂的物品变卖。因此，监护人不向受监护人提供生活费的，得作为被怀疑者而被革职。

10. 监护人虽然出面，但称受监护人财产很少以致无法为其规定生活费，如果他所说的是谎话，应将他交给城市长官，给予处罚，正如把贿买监护职务的人送交惩处一样。

11. 同样，被释自由人经证明以欺诈方法行使他对他的保护人的儿子或孙子的监护职务时，也被送交城市长官，加以处罚。

12. 最后必须指出，以欺诈方法行使管理职务的，即使他提供

① Salvius Julianus，罗马帝国前期法学家。他除担任过执政官外，还担任过大法官和行省总督。他曾奉哈德里安帝之命编纂大法官告示。所著《市民法长官法合论》凡90卷；据说查士丁尼帝从事大规模编纂工作时，把这一部著作作为规划的基础，其中被摘录而辑入《学说汇纂》者约五百余段。有人称誉他甚至驾乎伯比尼安之上，是最伟大的罗马法学家。

担保，仍必须将他革职，因为提供担保不能改变监护人的不诚实意图，而只能使他有机会更长期地损害受监护人的财产。

13. 任何人其举止行为足以使人怀疑的，亦得被视为嫌疑者。但监护人或保佐人虽然贫困，可是忠实勤勉，这种人不得被视为被怀疑者而革职。

第二卷

第一篇　物的分类

在前一卷，我们已经阐明了关于人的法律，现在让我们来考察物，即属于我们财产或者是不属于我们财产的物。某些物依据自然法是众所共有的，有些是公有的，有些属于团体，有些不属于任何人，但大部分物是属于个人的财产，个人得以各种不同方式取得之，详见下文。

1. 依据自然法而为众所共有的物，有空气、水流、海洋，因而也包括海岸。因此不得禁止任何人走近海岸，只要他不侵入住宅、公共建筑物和其他房屋，住宅房屋不像海洋那样只属于万民法的范围。

2. 一切河川港口是公有的，因此大家都有权在河川港口捕鱼。

3. 海岸延伸到冬季最高潮所达到的极限。

4. 公共使用河岸也属于万民法的范围，如同公共使用河川本身一样；因此任何人得自由靠岸停船，系缆索于河岸的树上，卸载货物，如同在河上航行一样。但河岸的所有权属于其土地与河岸相连的人，从而生长在河岸上的树木亦属于他们所有。

5. 公共使用海岸也属于万民法的范围，如同公共使用海洋本身一样。因此任何人得自由在海岸上建筑小房以供憩息，以及在海岸晾晒渔网和从海中曳起渔网。海岸可以说不属于任何人所有，它与海以及海底土地和泥沙属于同一法律的范围。

6. 属于团体而不属于个人的物，例如戏院、竞赛场和其他城市全体所共有的类似场所。

7. 神圣物、宗教物、神护物都不属于任何人所有，因为属于神法范围的东西，不构成任何人的财产。

8. 神圣物指大祭司向神隆重奉献的东西，例如专供礼拜上帝的神圣建筑物以及奉献物；根据朕的宪令，这些东西禁止出售和质押。如果为了赎买俘虏，另当别论。如果凭自己的权威而使某物变为对自己是神圣的，则该物不是神圣的而是渎神的。神圣建筑物虽已塌毁，但该建筑物的基地诚如伯比尼安所述依然是神圣的。

9. 任何人得按其意愿在自己土地上埋葬死者，使该地变为宗教物；但是不得违反共有人的意愿，在原先是干净的共有土地上埋葬。如系共有墓地，共有人即使违反其余共有人的意愿，也可以埋葬。如用益权属于他人，所有人不经用益权人的同意，不得将其土地变为宗教物。但如得到所有人的允许可以在别人的土地上埋葬死者；即使在埋葬死者以后才得到所有人的许可，该土地仍不失为宗教物。

10. 同样，神护物如城门和城墙等，在某种程度上亦属于神法的范围，从而不构成任何人的财产。我们之所以说城墙是神护物(sanctos)，乃是因为侵犯城墙的人，将受到死刑的处分；正因为如此，法律中对于犯法的人处以刑罚的那部分规定，叫制裁(sanctio)。

11. 物成为个人所有可有各种不同方式；我们对有些物按照自然法——称万民法，已如上述——有些物按照市民法而取得物的所有权。从较古的法开始进行阐述，是较适当的办法。显然，自然法是较古的法，因为它是在人类的原始时由自然所规定的。至于市民法则只是在开始建立国家、设置长官并制定法律时才出现的。

12. 野兽鸟鱼，即生长在陆上、海里和空中的一切动物，一旦被人捕获，根据万民法，即属于捕获者所有，因为自然理性要求以无主之物，归属最先占有者。野兽和飞鸟，是在自己场地或别人场地上捕获，并无关紧要。当然，主人发觉有人进入其场地狩猎的，得禁止其入内。你所捕获的一切动物，只要在你看管之中，都应认为属于你所有。如果动物逃逸，恢复了它的天然自由，它即不再属于你，而重新属于最先占有者所有。所谓恢复天然自由指动物逃逸无踪，或者即使你可以望见，但已难于追捕。

13. 有人提问：如果你使野兽负伤，以致易于捕获，它是否立即成为你的财产？有人主张它一经受伤立即属于你所有，而且在你追捕中，一直是属于你的；如果你停止追捕，它就不再属于你的了，而重新属于最先占有者所有。另有一些人认为在你未捕获前，它还不属于你。朕支持后一种意见，因为往往可以发生许多偶然事件，使你无法进行捕获。

14. 蜜蜂按其本性是野生的。因此，密集于你树上的蜜蜂，在你未把它们收在蜂箱之前，不能认为属于你所有，正如在你树上巢居的飞鸟一样。如果别人把它们放在蜂箱里，他就是它们的所有人。又蜜蜂制造的蜂窝任何人均可取有。当然,在尚未被取走前,如你发觉有人进入你的场地,你有权禁止其入内。从你蜂箱里飞出的蜂群,只要你能望见而易于追捕,仍认为属于你所有,否则它们属于最先占有者所有。

15. 孔雀和鸽子按其本性也是野生的,尽管在习惯上它们飞出后又飞回来,因为蜜蜂也是这样的,然而蜜蜂无疑是野生的。同样,有些人把鹿养得这样驯服,以致它们到树林里去之后,惯常总是回来的,但是没有人否认它们是野性的。关于这些在习惯上往往去而复返的动物,经订定规则如下:只要它们具有复返的意思,它们应认为始终属于你所有;但若它们不再具有复返的意思时,它们就不再属于你,而属于最先占有者所有。丧失复返习惯的动物被假定为不再具有复返的意思。

16. 鸡和鹅按其本性不是野生的。这可以从另外有我们称之为野生的鸡和鹅这一点上看出。因此,如果你的鹅和鸡由于偶然受惊而飞逸,尽管它们已经越出你的视线,但不问它们在什么地方,仍应认为属于你所有;意图为自己所有而保持这些动物的人即犯有窃盗罪。

17. 根据万民法,我们从敌人那里取得的东西,立即属于我们所有,甚至自由人也沦为我们的奴隶。但若他们以后从我们这里逃走,重返家园,他们就恢复原来的身份。

18. 在海滩上发见的珍宝和其他东西,根据自然法立即属于发现者所有。

19. 同样根据自然法,你所有的动物所生育的小动物归你所有。

20. 此外，根据万民法，由河流冲积使你的土地增加的部分属于你所有。冲积是觉察不到的增益。冲积增加进行如此之慢，以至于谁也不知道在某一时间增加了多少。

21. 如果河流的激湍把你土地的某一部分冲走，附着于邻地，显然，它仍然是你的所有物。但若它长期附着于邻地，而被它一起带走的树木竟在邻地上生根，从这时起，它们应被认为属于邻地所有人所有。

22. 海中长出的岛屿——这是很少见的——属于先占者所有，因为它被占有之前不属于任何人。河中长出的岛屿，乃是常有的事，如果它位于河流中心，则由河流两岸土地所有人，以各自沿岸土地的长度为比例，属于各人所有。但若岛的位置较接近于两岸之中的一边，它仅属于占有这一边沿岸土地的人所有。又若河在某一地点分为两支，在下游又合而为一，以至把某人的土地形成岛屿，这块地依旧归属于原来所有人所有。

23. 如果河流完全摈弃它的自然河床，开始流向他方，旧河床归占有沿岸土地的人以各自沿岸土地的长度为比例所有。至于新河床则随同河流本身所具有的地位，即属于公有。如果过了一个时期，河流回到原来河床，新河床重新成为占有沿岸土地的人所有。

24. 土地全部被淹没的情形则全然不同。泛滥不改变土地的性质，因此，一旦水势退去，土地无疑仍属于原来所有人所有。

25. 如果任何人用他人的材料制成另一物，我们通常要问，根据自然理性，哪一个人是所有人，是制成新物的人呢，还是材料所有人？例如，用他人的葡萄、橄榄或麦穗制成酒、油或面粉；用他人的金、银或铜铸成器皿；用他人的酒和蜜调匀而成蜜酒；用他人的药材制成膏药或眼药；用他人的羊毛纺织成为衣服；或者用他人的木料制成船舶、箱柜或板凳。在萨宾派和普洛库尔派[①]之间进行长期的争论之后，人们决定采取一种折中意见，以下列区分为基础。即若制成的新物，可以恢复到原先材料的状态，它应认为属于原来材料所有人所有；否则，应认为属于加工者所有。例如熔铸而成的器皿，可以回复到金、银或铜的原来条块；但是酒、油或面粉不能回复到葡萄、橄榄或麦穗，而蜜酒也无法分解成为原来的酒和蜜。但若有人用一部分他人的材料，又用一部分自己的材料制成新物，例如用自己的酒和他人的蜜调匀而成蜜酒，用自己和他人的药材制成膏药或眼药，或者用自己和他人的羊毛纺织成为衣服，有上述情形，毫无疑问，加工者是物的所有人，因为他不仅提供劳动，而且提供一部分材料。

26. 如果把他人的紫丝缝织在自己的衣服上，尽管紫丝的价值较贵，仍作为添附之物附属于衣服；紫丝的所有人得对窃取者，无论是缝制衣服者或另一个人，提起窃盗之诉和对人的诉讼（condictio）。[②] 因为即使已消灭之物不可能以返还之诉回复，但仍得对盗窃者或其他占有人提出对人的诉讼。

27. 如果两人自愿将各自的材料混合[③]，由于混合而产生的

---

① 罗马帝国初期法学上的两派，萨宾派的创始人是卡必多，普洛库尔派的创始人是拉别奥。两派实质上的区别，无从考查。到哈德里安帝时代，两派已不再存在。

② condictio，是主张市民法债权但不载明请求原因的一种对人的诉讼。最初它是以请求一定金额或特定物为标志的，帝国时期，扩及于某些其标的不特定的请求。查帝时代适用范围更广（参阅本《法学阶梯》，4.6.15）。

③ 此段指液体之混合（confusio）。

物，全部属于他们共有，例如把各自的酒混合，或把金条或银块熔化混合，即使材料不同，从而合成新物，例如酒和蜜合成蜜酒，或金和银合成金银合金，法律后果亦同，这种情形时，毫无疑问，新物系共同所有。如由于偶然事故而非由于所有人的意图，致使彼此的材料，无论种类是否相同，发生混合时，法律后果仍然相同。

28. 如果铁提和你的小麦，出于你们自愿而混杂时[1]，混杂的小麦属于你们共同所有，因为原属于你们各自所有的单个物体，即每一粒麦子，由于你们同意而成为共同所有。如果由于偶然事故发生混杂，或铁提不得你的同意而予以混杂，混杂物不视为共同所有，因为单个物体仍保持着原来的性质；这种情形时，小麦并不比铁提和你的混杂羊群更具有共同性。如果你们任何一人占有全部小麦，另一人即可提起对物的诉讼，请求回复他原有的小麦；至于鉴定彼此原有小麦的质量，则应由审判员裁量。

29. 如果用他人的材料在自己土地上建筑，建筑物视为属于他所有，因为一切建筑物从属于土地。材料的原来所有人不因而终止为所有人；但在建筑物存在时，他不能提起对物的诉讼要求返回材料，也不能提起提出原物之诉，因为十二表法规定，不得强使取出在建筑物中原属于他人的横梁；但是他得提起名为已造横梁之诉(actio de tigno juncto)而得到加倍价金的补偿。(tignum 横梁一词指建筑物用以建造起来的一切材料而言。)这种规定，目的在于避免拆屋。但若建筑物由于某种原因被毁，材料所有人如未获得加倍价金，即可提起返还材料的对物的诉讼或提出原物之诉。

① 此段指非液体即固体的混杂(commixtio)。

30. 反之，如用自己的材料在他人土地上建筑房屋，建筑物归属土地所有人；在这种情况下，材料所有人失去了他的所有权，因为如果知道自己在他人土地上营造即被假定为自愿让与其材料。因此，如果房屋毁坏，他也不得就原来材料提起对物的诉讼。当然，如果营造者占有土地，而土地所有人在请求将建筑物归属于他时，不愿支付材料价金和工人工资，其请求得因对方提出欺诈抗辩而遭驳回；当然，这应以营造者是善意占有人为条件。假使他明知自己不是土地的所有者，那么他冒失地在他所知道是别人的土地上营造，就因为他自己有过失而丧失权利。

31. 如果铁提以他人的植物栽种在自己土地上，植物属于铁提所有。相反地，如果他把自己的植物栽种在梅维的土地上，植物属于梅维所有，上述任何一种情形，植物都必须生根。在生根之前，植物仍属原来所有人。从植物生根时起，植物的所有权就改变了。正因为如此，如果铁提的地迫近邻居的树木，以致树木在他的土地上生根，我们就说树木成为铁提所有。因为理性不容许树木被认为属于别人，而不属于树木所生根的那块土地的所有人所有。因此，栽种在地界附近的树木，如其根伸展及于邻地，它就成为共同所有。

32. 根据生根的植物从属于土地的原理，播种的麦子亦应认为从属于土地。正如上述的那样，在他人土地上营造的人，遇土地所有人请求以建筑物归属于他时，得提出欺诈抗辩为自己辩护，因此，以自己的费用在他人土地上善意播种的人，也可借助于同一抗辩而受到保护。

33. 文字即使是金质的，仍从属于书写文字所用的纸张或羊皮，如同一切营造或播种的东西从属于土地一样。因此，如果铁提在你的纸张或羊皮上书写了短诗、故事或演说词，这一文书即属于你，而不属于铁提所有。如果你在向铁提要求你的书或羊皮时，拒绝支付书写的费用，他就可以提出欺诈抗辩为自己辩护。当然，这里假定他是善意占有纸张或羊皮的。

34. 如在他人的板上绘画，有人认为板从属于画，另有一些人以为不问画的质量如何，它从属于板。朕认为板从属于画的意见比较正确，因为如果将亚贝列士或帕拉西等的绘画作为附属物而从属于价值非常低微的板，那是可笑的。不过，如果板的所有人占有作品，而绘画的人在向他要求时，不愿支付板的价金，他的请求得因对方提出欺诈抗辩而遭驳回。如果绘画的人占有作品，法律容许板的所有人对他行使准诉权①在这种情形下，如果板的所有人不支付绘画的费用，他的请求得因对方提出欺诈抗辩而遭驳回；当然，这里假定绘画的人是善意占有人。因为如果绘画的人或另一个人窃取了板，板的所有人显然得向他提起窃盗之诉。

35. 任何人如误认另一人为所有人而向他善意购买土地，或者根据赠与或其他正当理由善意地从他那里取得土地，而实际上

① Actio utilitis，对 actio directa（正式诉权）而言，后者是法律所认可的，前者是大法官所创造的。大法官利用正式诉权，扩大其正常适用范围以及于法律所未预见而需要补救的事件，而创设准诉权。例如，市民法从来不认可债权让与，因此如果债权人将其权利让与，诉权不随同移转，于是受让人无权对债务人起诉。但这是不公平的，因此大法官仍赋予诉权。他相应地变更书面程式的内容，指示审判员在进行审判时把受权人视同真正债权人。又如本段的板的所有人，依法已丧失其板的所有权，从而无权对绘画的人起诉。但大法官仍赋予诉权，并指示审判员在进行审判时，虚拟原告对板仍享有所有权。以上受让人和板的所有人所行使的诉权都是准诉权。

该另一人并非真正所有人，则按照自然理性要求，他所收取的果实应属于他所有，作为其栽培和劳作的补偿。因此，如事后真正所有人出现，并请求回复土地，他不得对占有人已消费的果实提出请求。至于明知自己是占有他人土地的人，他不享有同样权利，因此他必须连同土地一起返还果实，哪怕果实已被消费掉。

36. 有土地用益权的人，就他自己收取的果实，成为果实所有人。因此，如果他死亡时果实已成熟，尚未摘取，这些果实不属于他的继承人，而是属于土地所有人。佃户[①]的情形，大致相同。

37. 动物的孳息，包括幼畜以及乳、鬃和毛等一起在内。因此，根据自然法，羔羊、小山羊、牛犊、幼驹于出生时，属于用益权人所有。但是女奴的子女不是孳息，从而应归属于女奴的所有人。因为把人当做孳息是荒谬的，所有孳息都是自然界为了人的利益而创造出来的。

38. 对羊群有用益权的人，应以所生羔羊补充已死去的羊，犹里安也持这种意见。用益权人同样应补植已凋谢的葡萄枝和树木。因为他应细心栽培养育，并以善于治家的家长的注意来使用。

39. 哈德里安帝[②]，根据自然公平道理，把某人在他自己土地上发现的财物，归发现者所有，他又对于在神圣地或宗教地偶然发现的财物，作出同样的规定。但若某人在他人土地上，未致力搜寻而偶然发现财物，他规定把一半归土地所有人，一半归发现者所有。根据相同原则他又规定在皇帝土地上所发现的财物，一半归

① Colonus，到了帝国时期开始沦为隶农。

② Hadrianus，统治年代公元117—138年。

皇帝，一半归发现者所有。又根据相同原则，在属于公家或国库的地方所发现的财物，一半归发现者，一半归国库或城市所有。

40. 根据自然法，转让是取得物的另一种方式；所有人既然愿意把他的物移转于他人，这种意愿应予承认，这是最符合自然公平的道理的。因此，转让得适用于无论哪种有形物，所有人转让后，物即成为另一人的财产。俸地和贡地也是用这样的方式转让的。俸地和贡地指在外省的土地，根据本皇帝宪令，现在这些土地与意大利土地已无任何区别。

41. 如作为赠与、嫁资或供任何其他用途而交付其物，物的所有权无疑移转于他人。但买受人须支付价金，或用其他方法满足出卖人，例如提供质物或由第三人承担支付，才能取得他人出卖和交付的物。这虽然是十二表法规定的，但也可正确地说成是源于万民法，即自然法。但若出卖人接受买受人的信用，物立即就成为买受人所有。

42. 物的交付是由所有人亲自为之，或由他人按照所有人的意愿为之，并不重要。

43. 根据这个理由，如所有人将其财产信托他人全权管理，而后者出卖并交付在其管理中的一部分物时，他即把物的所有权转移给了物的受领人。

44. 有时只要凭所有人的意愿不通过转让，即足以移转物的所有权，例如某人把物出借或出租给你，或寄存你处，后来把它出卖或赠送给你。因为他虽然并未根据出卖或赠与把物交付给你，但是单单由于他同意这是你的物这一事实，你立即取得物的所有权，如同它已根据移转所有权的意愿而实际上交付给你一样。

45. 同样，如某人把寄存仓库的商品出卖，在他把仓库钥匙交给买受人时，商品的所有权即移转于买受人。

46. 不但这样，有时即使所有人的意思只指向不确定的人，但仍发生所有权移转的效力。例如大法官或执政官把施舍的钱，向众人投掷，他们不知道众人中每个人会得到多少，可是就因为他们愿意将每个人所能获得的归于他所有，所以他立即成为所有人。

47. 因此，可以正确地说，占取原所有人所抛弃的物的人，立即成为物的所有人。所有人丢掉而无意继续使其成为财产一部分的物被认为是抛弃物，因为这样做时，他立即不再是物的所有人。

48. 为了减轻船舶载重而在风暴中抛入海中的物，又当别论。这些物依然属于所有人，因为很显然，人们所以抛弃这些物，并非有意扔掉，而只是想使物的所有人连同船舶一起更易于避免海涛的危险。因此，如有人贪图利益取去被冲到海滩上，甚或在海中的物，即构成窃盗罪。车辆行驶时所掉下的物，未为所有人觉察的，也属于这种情况。

第二篇　无形体物

再者，有些物是有形体的，有些是没有形体的。

1. 按其性质能被触觉到的东西是有形体物，例如土地、奴隶、衣服、金银以及无数其他东西。

2. 不能被触觉到的东西是无形体物，这些物是由权利组成的，例如遗产继承权、用益权、使用权、用不论何种方式缔结的债权等。即使遗产中存在着有形体物，亦不相干，因为用益权人从土地收取的果实是有形体物而基于某种债权应向我们付给的东西也多半是有形体物，例如土地、奴隶、金钱等，尽管如此，遗产继承权、用益权和债权等本身都是无形体的。

3. 属于无形体物之类的，有对于城市和乡村不动产所主张的权利，这些权利也被称为地役权。

第三篇　地役权

乡村不动产的地役权指 iter（通行）、actus（驾驱）、via（过道）和 aquae ductus（导水）等。Iter 是人走过或通行而不是驱兽或驾车通行的权利。Actus 是驱兽或驾车通行的权利。因此，享有通行权利不一定享有驾驱通行权，享有驾驱通行权的同时就享有通行权，因为他可以不带牲畜行使这一权利。Via 是走过、驱兽或驾车通行和步行走过的权利，它包括通行权和驾驱通行权在内。Aquae ductus 是引导水流经过他人土地的权利。

1. 城市不动产的地役权都是附属于建筑物的权利；它们之所以被称为城市不动产地役权，因为一切建筑物都叫做城市不动产，即使实际上是在乡村建筑的。城市不动产的地役权有：邻人一方承负邻人他方房屋的负重；邻人他方有权将其房屋的横梁架在邻人一方房屋的墙上：某人应承受或不承受从邻屋滴落或流到自己建筑物或庭院的水；或他不得加高其建筑物以阻挡邻屋的光线。

2. 有人认为应把下列权利归于乡村不动产的地役权之列：汲水权、牲畜饮水权、放牧权、烧制石灰权、采掘泥沙权。

3. 这些地役权所以被称为不动产地役权，因为没有不动产，就不能设定地役权。除非他是不动产所有人,否则他就不能取得关于城市或乡村不动产的地役权,或负担这种地役。

4. 如某人有意为邻人的利益设定地役权,他必须以约定和要式口约的方式为之。他也可以在遗嘱中载明,责成他的继承人不加高他的房屋以免阻挡邻屋的光线,或允许邻居将其房屋的横梁架在自己房屋的墙上,或允许从邻屋滴落的雨水,或允许邻居在自己土地上通行、驱兽驾车通行,或导水。

第四篇　用益权

用益权是对他人的物的使用和收益的权利,但以不损害物的实质为限。因为这种权利设定在有形体物上,如物消灭,权利本身即随同消灭。

1. 用益权可以从所有权中分离出来的,这种分离可采取各种不同方式。例如某人把用益权遗赠他人,则继承人只享有所有权,而受遗赠人则享有用益权;反之,如以遗产除去用益权遗赠他人,受遗赠人只享有所有权,而继承人则享有用益权。又可以把用益权遗赠一人,而以土地除去用益权遗赠另一人。如果不用遗嘱设定用益权,则应以约定和要式口约的方式为之。但是为了不使所有权由于用益权永远分开而完全陷于无用,经规定一定方式使用益权消灭,而重新纳入所有权之内。

2. 不仅得就土地和建筑物,而且也得就奴隶、驭兽和其他物设定用益权,通过使用而消耗的物除外,因为无论根据自然法或市民法,这些物都是不适于设定用益权的。这些东西中有酒、油、面粉、衣服等，钱币与此极相类似，因为通过在不断周转中使用，它也就多少等于消耗了。但是元老院作为一种实用的措施，规定在继承人获得充分担保的情况下也可以就这些物设定用益权。因此，如以钱币的用益权遗赠他人，所给予的钱币成为受遗赠人的所有物，但受遗赠人应向继承人提供担保，在前者死亡或身份减等时，即将同一数量的钱币归还。其他类似的东西也可以交付受遗赠人，使他成为物的所有人；但经估价后，受遗赠人应提供担保，在他死亡或身份减等时，即以相当于估价数量的钱币归还。由此可见，严格说来元老院并没有创造对于这些物的用益权，因为这是不可能的，元老院而是通过担保规定了一种准用益权。

3. 用益权因用益权人死亡或遭受两种身份减等之一，即大减等或中减等，或因不依约定方式和规定期间行使而消灭。以上都经本皇帝的宪令规定。同样，用益权因用益权人将其权利移转于所有人（用益权移转于第三人的并不产生这一效果），或相反的情形，因用益权人取得物的所有权——这种情形称合并——而消灭。除此之外，建筑物无论由于火灾、地震、衰败而消灭，用益权也消灭，就地基而言，用益权亦不存在。

4. 用益权终止时，它重新归属所有权，从此原先只有所有权的人对物享有全部充分的权力。

第五篇　使用权与居住权

单纯使用权的设定方式与用益权相同，也依用益权终止的各种方式而消灭。

1. 但使用权的内容当然比用益权的内容狭小，因为对于土地享有单纯使用权的人视为仅有权采取其每日所需的蔬菜、果实、花卉、饲草、稻草和木材。他可以在土地上居住，只要他不妨害土地所有人，也不阻碍在土地上从事耕种的人。他不能把他的权利出卖、出租或无偿让与他人，而用益权人则可以这样做①。

2. 对于房屋有使用权的人，他对房屋的权利只限于他本人在房屋中居住；他不得将他的权利移转于他人。在经过一番犹豫之后，才容许有使用权的人在房屋中招待客人，跟他的妻子、子女、被释自由人和像他的奴隶那样供他使用的其他自由人一起居住。如果使用权属于妇女，她也可以跟他的丈夫一起居住。

3. 同样，对于奴隶有使用权的人，仅他本人有权使用奴隶的劳动力和服务，因为不准他以任何方式把他的权利让与他人。以上所述，亦适用于驭兽。

4. 如果以牛群或羊群的使用权作为遗赠，使用人不能取得乳品、羔羊或羊毛，因为这些都是孳息。但他肯定可以利用牲畜在他土地上施肥。

5. 但是，如果以居住权遗赠他人，或以其他方式设定居住权的，这种权利既不是使用权，也不是用益权，而是一种特种权利。鉴于其实用性，并根据马赛鲁②的意见，朕公布了决定，不但允许享有居住权的人自己居住，而且允许他向他人出租其居住权。

6. 关于地役权、用益权以及使用权和居住权，已经谈得够了。

---

① 用益权本身虽然不得转移于第三者（见本《法学阶梯》，2.4.3），但用益权人不妨把他的用益出租或出卖于他人，而仍保持用益权人的地位和责任。

② Ulpius Marcellus，见上文第14页注①。

至于遗产继承权和债务，将在有关篇目加以探讨。我们已经简要地阐述，根据万民法物是怎样取得的，现在让我们探讨市民法及规定的物的取得方法。

第六篇　取得时效与长期占有

市民法规定凡通过购买、赠与或其他合法原因善意地从并非所有人而误信其为所有人的人取得其物的人，应根据其使用该物而持有的时间而取得之。如该物系动产，不问其在何处，经过一年；如某物系不动产，以在意大利境内的为限，经过两年。这一规定的用意是为了避免物的所有权长期处于不确定的状态。这就是古人所决定的，他们认为，为了让所有人查明自己的所有物，上述规定时间已经够了。但是朕作出了更完善的决定，既不使所有人过早被剥夺其财产，又不使这种取得方法的利益局限于任何特定地区。因此，朕公布宪令，规定由于使用取得动产，必须经过三年占有期间，至于取得不动产，则需要"长期占有"，即在场者为十年，不在场者为二十年；而且这种取得所有权的方式，以有正当原因占有其物为先决条件，可以不仅限于在意大利，而且适用于我们帝国统治下的一切地方。

1. 有时虽然是完全善意地占有其物，但不论经过多少时间，并不产生时效，例如所占有的为自由人、神圣物、宗教物或逃亡的奴隶。

2. 盗窃物和强占物，即使是善意占有并经过上述规定期间，仍不得以时效取得，因为十二表法和亚提尼法[①]禁止以时效取得盗窃物，犹里和普劳提法[②]禁止以时效取得强占物。

3. 可是，说法律禁止以时效取得盗窃物或强占物时，意思不是说，盗窃者或强占者本人不得以时效取得，因为对他们说来，另一种理由禁阻他们以使用取得，这就是他们是恶意占有人；我们的意思是说，其他任何人虽然从他们善意购买其物，或根据其他原因受让其物，仍不得以时效取得之。由此可见，善意占有动产的人很少能以时效取得的，因为，出卖或根据其他原因交付属于他人的物，就已构成盗窃。

4. 但有时可以发生不同情况，如果继承人误将他人出借或出租给被继承人的物，或他人寄存在被继承人处的物，当作遗产，因而出卖、赠与或作为嫁资给予善意领受者，毫无疑问，领受者可以时效取得财产权，因为这一物并不具有盗窃的瑕疵，继承人当成自己所有而善意让与他人，肯定不构成盗窃。

5. 同样，如果对于女奴享有用益权的人，以为女奴所生子女属于自己的财产，而把他们出卖或赠与，他并未犯盗窃罪；因为无盗窃意图者，不构成盗窃。

6. 还可能发生不构成盗窃而移转属于他人的物的其他情况，在这种情况下，占有人得以时效取得其物。

---

① Lex Atinia，公元前 2 世纪中叶在护民官亚提尼·拉别奥的提议下通过的平民决议。它补充了十二表法，规定窃盗物重新回到所有人手中以后，得成为取得时效的对象。

② Lex Julia et Plautia，其中普劳提法是公元前 89 年在护民官普劳提的提议下通过的平民决议。至于犹里法不知其详，可能指奥古斯都帝年间关于公私暴力的犹里法(见本《法学阶梯》，4.18.8)。

7. 至于附属土地的物，就更易于用时效取得。例如，某人并非强占场地，而是因为这一场地的所有人不在或懈怠，或死后未遗有继承人，致成为空无主人的土地；虽然他是恶意占有者，因为他明知自己占取了他人的土地，但若以之移转于善意受让人，后者得以长期占有取得其物的所有权，因为他所受让的物，既非盗窃物，亦非强占物。古人认为土地或场地可以被盗窃，但是现在已不采纳这种意见。皇帝宪令规定，任何不动产占有人不得被剥夺长期的和无疑问的占有物。

8. 有时甚至可以时效取得盗窃物或强占物，例如其物重新处于所有人权力之下，此时物的瑕疵已经清除，从而可以发生时效取得。

9. 属于朕国库的物不能以时效取得。但是伯比尼亚安认为，在国库未获关于绝产的报告前，善意买受属于这项财产一部分的物的人，可以时效取得其物。庇乌斯帝的批复以及塞维尔帝和安多宁帝的批复都以这种意见为根据。

10. 最后必须指出，物的本身必须无任何瑕疵，始得为善意买受人或根据其他正当理由而占有其物的人以时效取得之。

11. 误认为有正当理由而错误占有时，不发生取得时效，例如某人自以为因买受或受赠与而占有其物，实则并未买受或受赠与。

12. 死亡者生前已开始计算的长期占有，仍为继承人或遗产占有人的利益继续计算时效，尽管后二者明知不动产属于他人所有。但若死亡者当初占有时系出于恶意，其占有对于即使是不知情的继承人或遗产占有人，也不计时效。本皇帝宪令关于取得时效也作同样规定，不同占有人的占有期间得合并计算。

13. 根据塞维尔帝和安多宁帝的批复，出卖人和买受人的各自占有期间，得合并计算。

14. 玛尔库帝的诏令规定，向国库买受属于他人的物的人，在买卖后经过五年，得以抗辩方式排除所有人的请求。但是圣明的日诺帝[1]所颁布的宪令，对于因买受、受赠与或其他名义受领国库的物的人，给予完全保障；它规定他们立即就有保障，不论起诉或被诉，都肯定可以胜诉。至于对于被转让物有所有权或抵押权从而认为自己具有某种诉权的人，得在四年内向国库提起诉讼。朕最近颁布的宪令，规定把日诺宪令中有关国库让与行为的规定，扩大适用于从皇帝或皇后宫廷受领恩赏物的人。

第七篇　赠与

赠与是又一种取得所有权的方法。赠与有两种：死亡原因的赠与和非死亡原因的赠与。

1. 死亡原因的赠与以死亡为其条件，例如某人作出赠与时，言明如果他因某种灾祸而死亡，受赠人即取得其物的所有权；但若赠与人免于灾祸，或因后悔而撤销赠与，或受赠人先于赠与人死亡，赠与物仍归赠与人所有。现在这些赠与在任何方面都适用与遗赠相同的规定。这种赠与既同时具有赠与和遗赠的某些性质，应否视为赠与或遗赠，法学家的意见至为分歧，有的认为应视为赠与，有的认为应视为遗赠。朕则在宪令中规定，这些赠与的几乎各

---

[1] Zeno，东罗马帝国皇帝，在位年代公元474—491年。

个方面都应被列为遗赠的一种，并应采取朕的宪令所规定的形式来设定。总之，死亡原因的赠与是指赠与人一方面宁愿以赠与物属于自己而不属于受赠人所有，另一方面，宁愿以之属于受赠人而不属于继承人所有。这就是在荷马作品中德勒马赫向庇雷所作出的赠与：

“喂，庇雷！因为我们不知道事情将怎样变化，如果这些骄傲的求婚者在宫中把我暗杀，并分得我祖先传下的财产，那么我愿意你而不愿意这些人中任何一人取有并享用这些赠与物。如果我能致他们于死地，那么请你同我一起高兴，把这些东西带到我家里来。”

2. 另一种赠与，根本不考虑到死亡，称作生者之间的赠与。这些赠与完全不能与遗赠相提并论，一旦成立，不得任意撤销。当赠与人表示他的意思时，不问是否采取书面方式，赠与即告成立。朕的宪令规定，这些赠与应以买卖为范例，转让是必要的；但是即使并无转让行为，赠与也有完全的效力，并使赠与人负有作出转让的义务。从前皇帝宪令规定，如果赠与超过二百个索立杜斯时，应作成文书加以登记；朕的宪令提高到五百个索拉杜斯，因此不超过此数的赠与，无须登记，又规定某些赠与，根本不需要登记，其本身完全有效。朕还作出扩大赠与效力和它的保障的许多其他新决定，详见朕就这一问题所颁布的宪令。但是必须指出，虽然赠与是绝对地给予的，如受赠人忘恩负义[①]，朕的宪令允许赠与人在一定

① 查帝的宪令中列举忘恩负义的事如下：重大虐待，对赠与人的人身侵害，用欺诈手段造成赠与人财产上的重大损失，谋害赠与人和不履行赠与条件等。

情况下撤销赠与，使那些以自己的财产给予他人的人，不致蒙受受赠人所加的、在朕的宪令中所列举的那些伤害或损失。

3. 另有一种生人之间的赠与，完全为古代法学家所不知，这是晚近诸皇帝所实施的。我们所指的是婚前赠与(donatio ante nuptias)[①]，这种赠与含有默示条件，即必须以后婚姻成立，赠与始生效力。其所以称婚前者，因为赠与只能发生在婚姻以前，而从来不在婚礼举行之后，但是既然准许在婚后增加嫁资，所以先帝查士丁[②]最先制定宪令，规定遇有增加嫁资的情形时，亦得在婚姻期间增加婚前赠与。不过仍保持婚前赠与这一名词，这一名词已经不适当了，因为增加是发生在婚后。因此为了改进在这一问题上的法律，并使名实相符，朕规定这种赠与不但得在婚姻期间增加，而且得在婚姻期间初次成立。朕又把婚前(ante nuptias)改称由于婚姻(propter nuptias)，而且在下列含义上与嫁资等同，即嫁资不仅在婚姻期间可予增加，而且可以初次成立，同样，婚姻赠与(donatio propter nuptias)不但可以发生在婚姻以前，而且也可在婚姻后增加或初次成立。

4. 过去，市民法还承认另一种取得财产的方法，即通过添加而取得。例如某人和铁提共有一个奴隶。他单独释放了奴隶，不问采取法官隆重宣告的方式或遗嘱方式。此时他丧失了他那部分所有权，而共有人的权利则相应添加。但这是很坏的趋向的一个

① 这是丈夫在婚前向他未婚妻所为的赠与，帝国后期始相沿成习。从共和国末期以来，禁止配偶间互为赠与。公元206年元老院通过决议，原则上虽仍禁止这种赠与，但规定如一方在临终前不予撤销，其赠与为有效。

② Justinus，统治年代公元518—527年。

例子，因为一方面，奴隶未享受到自由，较人道的主人也蒙受损失，另一方面，较严酷的主人则获得利益。所以朕认为有必要通过宪令，对这种十分可憎的现象予以仁慈的补救并已制定办法使释放者、共有人和被释放的奴隶都得到好处。这一办法是：奴隶切实获得自由（古时立法者往往为了促进其自由，显然违反普通的法律规则而作出规定），给予这种自由的人欣然看到自由得到维护，至于共有人则得到本皇帝宪令所规定的，相当于他对奴隶的权益部分的价金，作为补偿。

第八篇　哪些人能让与和哪些人不能让与

有时发生这种情形，即所有人不得让与其物，反之，不是所有人都有权让与某物。根据犹里法[①]，丈夫不得违反妻子意愿，让与属于嫁资一部分的不动产，哪怕这一不动产作为嫁资给他之后，已归他所有。朕修正了犹里法，作了很大的改进。犹里法仅适用于意大利境内的不动产，而且规定未经妻子同意不得让与，即使经妻子同意仍不得抵押。朕对于以上规定，作了修正：宣布在外省的不动产也禁止让与或抵押，而且即使得到妻子同意，仍不得让与或抵押，以免女性的柔弱会被人利用，造成她们财产上的损失。

1. 另一方面，债权人根据约定得出让质押物，虽然这一质押物并非他的财产。可是，这种让与也许可以认为是出于债务人的意思，因为当初订立约定时，他同意债权人如果债务不清偿，则可

① Lex Julia de adulteriis（关于通奸的犹里法），奥古斯都帝年间通过。

出卖质押物。但是为了使债权人行使权利不受阻碍,并使债务人不轻易丧失他对物的所有权,朕以宪令规定了出卖质押物的固定方式,借以充分保证债权人和债务人双方的利益。

2. 下面必须指出,男女受监护人,如未经监护人核准,不能让与任何东西。因此,受监护人未经监护人核准,借钱给别人的,他未缔结任何契约,因为他从未使受领人取得金钱的所有权,因此金钱如果还存在的话,可以通过诉讼把它追回。但若出借的金钱已被受领人花费,应分别情形而定:如受领人是善意的,得对他提起对人的诉讼请求返还,如系恶意的,得对他提起原物提出之诉。相反的,男女受监护人得不经监护人核准,接受给予他们的一切物。因此,债务人向受监护人清偿时,必须得到监护人的核准,否则债务人不能免除债务。关于这一点,朕已经根据很明显的理由在宪令中作出了规定,这一宪令是在我们宫廷财务官杰出人物、特里波尼亚的建议下制定,并向恺撒里亚城的辩护士们公布的。宪令规定受监护人的债务人得向监护人或保佐人作出清偿,但是债务人事先必须申请审判员作出裁决,予以核准,其裁决不收费用。如一切依照规定办理,即根据审判员的裁决,债务人清偿了债务,这种清偿即给予他最充分的保障。如未按照朕所规定的清偿,应分别情形而论:受监护人如仍保有债务人所支付的金钱,或从中获得利益,而再一次要求同一债务金额的,他的请求将因对方提出欺诈抗辩而遭驳回;但如果受监护人已把钱胡乱花费,或遭失窃,债务人不得再提出欺诈抗辩,他将被判重新清偿,这是由于他未依照规定,不得到监护人的核准而冒失地作出清偿之故。反过来说,男女受监护人,如未经监护人核准,不得清偿。因为在这种情形下他们为了清偿的目的所交付的物，不成为受领人所有，他们未经监护人核准，根本不得让与任何东西。

第九篇　通过哪些人取得

我们不仅通过自身，而且通过在我们权力下的人取得，又通过我们对于他们有用益权的奴隶，以及通过我们善意占有的自由人和属于他人的奴隶而取得。[①] 分述如次：

1. 从前，在家长权力下的子女所得到的一切东西（军功财产[②]除外），一律为他们的家长的利益而取得；因此，家长可以把这些通过子女取得的东西赠与、出卖或以任何其他方式转移于其他子女或家外人。朕认为这是不公道的。因而朕颁布了一般宪令，既照顾到子女，又保持了家长所应得的。朕宣布，子女基于父亲的财产而有所获得的，应依古法，一律为父亲的利益而取得，因为从父亲那里得来的回到他那里去，又有什么不合呢？但是家子根据其他原因所取得的东西，其用益权由父亲取得，所有权则由家子保留，这样，他便不致看到自己劳动和幸运的成果，变成他人的财产而怨

① 根据市民法，在家长权力下的人跟家长一起构成一个法律人格，这就是说，他们的人格集中表现在家长一人身上。因此，他们作为家长的属员、工具等，可以在不同场合为家长缔约和为家长的利益而取得。

② castrense peculium。帝国初年，职业军队开始成为皇帝的直接支柱，士兵也从皇帝那里得到种种优待和特权。在奥古斯都、尼禄和图拉真诸帝时代，家子在服兵役期间获得的财物，称军功财产，可以遗嘱或在生前自由处分。从此，家长权削弱，家子开始具有独立的法律人格。君士坦丁帝年间，又认可准军功财产，凡宫廷人员在服务期间所积蓄的和蒙皇帝赏赐的财物均属之。随后这种特有财产制度又扩张及于其他职业收入。

恨。

2. 朕又对下列情况作了规定，依照从前的宪令，父亲对子女解除家长权时，有权在子女不为他的利益所取得的财产中，扣留三分之一，似乎是作为解除家长权的代价。儿子由于解除家长权的结果，被剥夺了财产的三分之一；他从解除家长权中所获得的，成为自权者的光荣，却因财产的减少而遭贬损。因此朕规定，父亲可以保留一半财产，但仅具有其用益权而非所有权，以代替三分之一财产的所有权。这样，财产的所有权原封不动，仍归儿子，而父亲所享用的财产，则在数量上增多了，因为他享用的不是三分之一而是一半。

3. 同样，你们的奴隶因接受物的转让，或根据要式口约或任何其他原因，而取得的，都是为你们的利益而取得的，哪怕你们不知情和不愿意。因为奴隶本身是处于他人权力之下，所以不能有自己的财产。如果他被指定为继承人，他不奉到你们的命令，不得承受遗产；而且既经奉命而承受了遗产，他也是为你们的利益而取得的，如同你们自身被指定为继承人一样。奴隶又为你们的利益而取得遗赠物。通过在你们权力下的人，你们不但取得所有权，而且占有。他们所占有的任何物，都视为你们占有的，因此，取得时效或长期占有都可以通过他们而为你们的利益发生效力。

4. 至于你们只享有用益权的奴隶，根据决定，利用你们所有的物或以他们的劳动所取得的物，属于你们所有，但是他们根据其他不属于上列两种原因所取得的，其所有权归属主人。因此，如果奴隶被指定为继承人或以赠与或遗赠给他的物，他不是为用益权人而是为所有人的利益而取得的。关于你们善意所占有的人，不论是自由人或是他人的奴隶，情形亦同，因为对于用益权人的规定亦适用于善意占有人。因此，根据上列两种以外的原因所取得的，被占有的人如系自由人，则一律属于他自己所有，如系奴隶，则属于主人所有。如善意占有人以时效取得对奴隶的所有权，从而成为所有人时，奴隶根据一切原因所取得的，都是为他取得的。但是用益权人不得以时效而取得对奴隶的所有权，首先因为他只有使用收益的权利而不占有奴隶，其次，因为他明知奴隶是属于他人的。通过你们享有用益权的奴隶，通过你们善意占有的奴隶，或通过你们善意把他们当作奴隶使用的自由人，你们不但通过他们取得所有权，而且通过他们占有。但无论是自由人或奴隶，必须仍依照我们已指出的区别，即限于他们利用你们所有的物或以他们的劳动所实现的占有。

5. 由此可见，你们不能通过不在你们权力下，或不在你们善意占有中的自由人取得，也不能通过你们不具有用益权或合法占有的、属于他人的奴隶取得，这就是人们所说的，不能通过第三人取得。[①] 唯一例外是你们可以根据塞维尔帝宪令通过自由人，例如事务经管人，而占有，不论你们是否知情。如果物的交付者是所有人，你们通过这种占有而取得所有权，如果交付者不是所有人，

① 罗马公民不得由人代理，这是市民法上一大定理。随着时间的推移，这一严格原则逐渐退化。人们区别市民法上行为和万民法上行为，关于万民法上行为的成立，可以通过事务经管人(procurator)为之。此外复就所有权取得作出同样区分。所有权是市民法上权利，不得通过第三人取得的原则不变。但到了查帝时代，市民法与万民法已融合为一，这一原则已丧失其重要性。塞维尔帝与安多宁帝的宪令载，对于不知情的人来说，也可以通过自由人而占有，并且从以后知情时起计算时效期间(《宪令汇纂》7.32.1)。

则通过取得时效或长期占有而取得所有权。

6. 以上所述有关特定物的取得，到此告一段落。关于遗赠的法律，这也是你们取得特定物的所有权的依据，以及关于信托遗给的法律，它规定以特定物遗给你们，都可以更适当地放在下面再谈。现在考察一下概括取得的方式。如果你们成为某人的继承人，或者你们要求占有某人的财产，或者你们对某人进行自权者收养，或者为维持奴隶的自由而把某人的遗产判给你们，在上述情况下，某人的全部财产移转给你们。首先，让我们考察遗产。它分两类，以是否根据遗嘱归于你们所有而定。以下先从根据遗嘱这一类开始，为此有必要先说明订立遗嘱所需的手续。

第十篇　订立遗嘱

遗嘱一词，由 testatio mentis 而来，指确定意思的证明而言。

1. 为了不完全埋没古代的事物，必须指出，从前曾经有过两种遗嘱，一种是在和平时期应用的，称特别民会遗嘱[①]，另一种是在准备作战时应用的，称武装中遗嘱。[②] 后来又加上第三种遗嘱，铜衡遗嘱，因为它采用所有权要式转移的方法，即在五个证人，一

---

① 罗马古时，仅家长死时发生遗产继承问题，因为家庭全部财产集中于他一人。以另一人继承死亡的家长而取得其地位，这主要是一个宗教和公法上问题，而不是私事；因此必须由特别民会（comitia calata，每年召开两次）决定继承问题。遗嘱实际上等于一种公法上的行为。

② Testamentum in procinctu。准备作战的公民，没有出席特别民会的可能，而在作战时，他随时有丧失生命的危险，因此在出发作战前，他可以仅在完成一定宗教仪式下订立遗嘱。

个司秤者——都是罗马成熟年龄的公民——以及叫做遗产买主的人之前，进行虚拟买卖。[①] 前两种遗嘱早在古时已经废止，至于铜衡遗嘱，虽然沿用较久，但其某些部分也终于废止了。

2. 上列各种遗嘱都属于市民法范围。以后经大法官告示，还实施另一种遗嘱的方式。长官法不要求进行所有权要式转移，有七个证人盖章就行了，而证人盖章的这种形式在市民法上并非必要。

3. 但社会的进步和宪令逐渐形成民法和长官法的统一体，从而规定遗嘱须当着七个证人的面一次作成（这多少是市民法的要求），并须经证人在场签字（这是宪令所规定的形式）和盖章（这是大法官告示所规定的）。因此，现行规定似乎源出于三个方面。必须有证人，作为遗嘱的必要程序证人必须始终在场，这来源于市民法；遗嘱人和证人的签字，来源于皇帝的宪令；至于证人的人数和盖章，则来源于大法官告示。

4. 为了保证遗嘱的真实性，以免发生欺诈，除了上列这些程序外，朕又以宪令补充规定，继承人的姓名须由遗嘱人或证人亲笔书写，一切都应依照宪令的明文办理。

5. 根据庞波尼[②]的意见，全体证人可以使用同一印章盖印，如

① 订立特别民会遗嘱，仪式隆重，事实上为贵族而设。平民利用所有权要式转移方式，虚拟买卖，于是无须民会也可达到立遗嘱的目的。其中遗产买主（emptor familiae）事实上就是继承人。这是平民在对贵族进行斗争中的一项胜利，从此平民也能同贵族一样订立遗嘱。

② Sextus Pomponius，罗马帝国前期法学家。我们仅从其著作得知其人。他大概是一位教师，著作等身，总计 300 卷。所著《法学提要》一书，常被引证；并编写有关市民法和大法官告示的成套著作，企图总结罗马私法发展的全部过程。

果七个印章上的刻印都相同,又何尝不可呢?此外也可使用他人的印章盖印。

6. 有遗嘱能力的人[①],始得为证人。妇女、未成熟者、奴隶、聋哑人、精神病患者、禁治产人以及法律宣布为不诚实或无资格作证的人,不得为证人。

7. 关于证人中一人在订立遗嘱时被认为自由人,而以后发现他为奴隶的情况,哈德里安帝在对加多尼·维尔的批复中,以及塞维尔帝和安多宁帝在批复中都宣称,他们愿意补救遗嘱中的这一缺陷,因此这种遗嘱应认为与按正规程序订立的遗嘱有同样的效力;因为在遗嘱正式盖章成立时,这一证人被公认为自由人,而且并无一人对他的身份提出争议。

8. 家长和在他权力下的儿子,或处于同一家长权下的兄弟两人,得为同一遗嘱的证人;因为有关家外人的事务,同一家庭中的几个人充当证人,并不违反规定。

9. 在遗嘱人权力下的人,不得为证人。家子在退役后就其军功财产为遗嘱时,家长以及处于同一家长权力下的其他人,不得为证人,因为在这种情况下,法律不容许同一家庭的成员充当证人。

10. 同样,被指定为继承人的人,处于他的权力下的人或其家长,以及跟他在同一家长权力下的兄弟,都不得为证人,因为有关订立遗嘱的全部行为,在今天看来,应认为是继承人和遗嘱人之间的行为。过去,这一法律问题是极其混乱的。虽然古人从不允许遗产买主和通过家长权纽带而同他有联系的人为证人,但容许继

① 见本《法学阶梯》,2.19.4。

承人和通过家长权纽带而同他有联系的人为证人;不过在容许他们为证人的同时,劝告他们不得滥用自己的权利。朕对此作了修改,把古人劝告防止的事项变成不合法的行为。朕比照古代法关于遗产买主的精神,合适地禁止现在取代旧时遗产买主地位的继承人,或通过家长权纽带而同他有联系的其他人,作为自己的证人。因此,朕不把在这一问题上的旧时宪令编入我们的《宪令汇纂》。

11. 但是朕不拒绝受遗赠人、信托遗给受益人以及跟他们有联系的人为证人,因为他们不继承死亡者的权利。相反地,朕颁布了一个宪令,特别赋予他们担任证人的能力;朕更愿意给予在他们权力下的人和对他们有支配权的人担任证人的能力。

12. 在板上、纸上、羊皮上或其他物质上书写遗嘱,均无不可。

13. 任何人得制作一式多少份的遗嘱,但每一份都必须具备规定程式。制作一式几份的遗嘱,有时是必要的,例如出门远行,需要随身携带一份,同时留在家里一份;也可以由于在人类生活中发生的许多其他情况而有此必要。

14. 以上所述是关于用书面订立的遗嘱。若不用书面订立在市民法上有效的遗嘱,他该知道,他必须有七个证人,并当他们的面口头表示他的愿望;这将是在市民法上完全有效而稳固确立的遗嘱。

第十一篇 军人遗嘱

由于军人在这些事情上很不熟悉,皇帝宪令免除他们在订立遗嘱时遵守上述这些程序的义务。虽然他们没有法定人数的证人，也未遵守其他必要程序，仍可订立有效的遗嘱，但以在服役期间订立者为限；这一但书，是本皇帝宪令所加的，是有正当理由的。因此，不问军人采用什么方式表示他们的最后意愿，用书面或不用书面，仅仅本于他们的意愿，就可订立有效的遗嘱。但当他们不在服役期间，或家居或在别处，他们就不能要求享受这种特权。一个军人即使他是家子，因服军役就有立遗嘱的能力，但是必须根据普通法律规定，遵守上述关于平民订立遗嘱时所应遵守的程序。[①]

1. 图拉真帝[②]关于军人遗嘱明确批复斯塔提里·塞维鲁如下："给予军人可以不拘任何方式订立有效遗嘱的特权，应理解为首先必须明确已订立遗嘱（非现役军人也可不用书面订立遗嘱），因此，有关一个军人的财产发生争讼时，如当初该军人确曾专门召集一些证人，当着他们的面宣布，他愿意某人成为他的继承人，某些奴隶获得自由，他这样做，就应认为不用书面订立遗嘱，对他的意愿应给予法律效力。但若在谈话中常发生的那样，他对别人说'我指定你为继承人'，或'我把我的财产遗留给你'，这些话就不应认为是遗嘱。此例不可开，在这一点上，没有比享有这种特权的军人更有利害关系的了。否则某一军人死后，人们不难找到一些证人，证实曾经听他说过，要把财产遗留给那些证人随便指出来的人；这样就会背离军人真正的意愿。"

2. 聋哑军人亦得为遗嘱。

① 这里指家子就其军功财产订立遗嘱而言。

② Trajan，统治年代公元 98—117 年。

3. 这一特权是由皇帝宪令所赋予的，仅以军人在服役期间并居住于军营中者为限。因此退役军人，或现役军人而不住在军营内，都应根据适用于全体罗马公民的规定订立遗嘱。其在军营中不根据法律所规定的程序订立的遗嘱，在退役后一年内有效。但若立遗嘱人一年内死亡，而他加于继承人的条件一年后才完成[①]，这一遗嘱应否作为军人遗嘱发生效力？朕批复应作为军人遗嘱发生效力。

4. 如果某人在成为军人前，订立不合规定的遗嘱，在成为军人后并在服役期间把遗嘱开封，有所增删，或用其他方式表示其意愿，这一遗嘱应该有效，则必须宣告该遗嘱为有效，因为事实上这是以军人的身份订立的新遗嘱。

5. 再者，如果军人由他人进行自权者收养，或系家子而被解除家长权，他的遗嘱应视同根据军人的新意愿而发生效力，而不应该由于身份减等而失效。[②]

6. 同时必须指出，古法和皇帝宪令比照军功财产，允许某些人拥有准军功财产[③]，并且其中一些人，虽然处于他人权力之下，仍被允许以遗嘱处分这部分财产。本皇帝宪令将这种许可推广适用于一切拥有这种准军功财产的人，但是他们必须根据一般规定的程序

① 罗马法中，指定继承人时附有条件的，于条件完成时而不是在遗嘱人死亡时开始继承。在中间一段期间，应认为由遗产体现死亡者的人格。

② 家长被他人自权者收养以及家子被解除家长权的，都构成身份小减等（见本《法学阶梯》，1.16），在这种情况下，身份小减等的人，尤其被收养者，改宗而进入新家庭，取得新身份，并与新财产发生关系。根据一般法律，以前所立遗嘱丧失其效力；但军人享有特权，这种遗嘱视同根据军人的新意愿而发生效力。

③ 见以上第 75 页注②。

订立遗嘱。关于上述特权的详细情况，可参阅有关宪令本文。

第十二篇　哪些人不许可订立遗嘱

不是每一个人都有订立遗嘱权的。首先在他人权力下的人没有订立遗嘱的权利，即使他们得到家长的许可，仍不得订立有效的遗嘱。但有例外，上面已经提到，其中特别是在家长权力下的军人，皇帝宪令允许他们以遗嘱处分他们在服役时期取得的财物。这种权利，最初是由奥古斯都帝、奈尔瓦帝和杰出的图拉真帝仅仅赋予现役军人的。随后哈德里亚安帝把这种权利同时赋予退役军人，也就是退伍军人。因此，如果家子以遗嘱处分军功财产，这种军功财产将属于他们所指定的继承人所有。如果他们未立遗嘱而死亡，又未遗有子女或兄弟，根据一般法律，这种财产属于家长所有。由此可以推论，处于家长权下的军人在服役时期取得的财产，他的父亲既不得剥夺，父亲的债权人也不得出卖或以其他方式阻挠其占有。父死之后，这些财物也不成为他与兄弟所共有，而专属于他所有；虽然根据市民法，在家长权力下的人的一切私有财产都被计算在家长的财产之内，如同奴隶的私有财产[①]被列入主人的

① 共和国末期，发生历史上有名的斯巴达克起义，这说明奴隶经济已开始发生危机；奴隶主阶级不得不在一定程度上承认奴隶的法律地位（见本《法学阶梯》，1.8.2）并在方式上缓和对奴隶的剥削。后者表现在下列几个方面：(1)特有财产制（peculium）开始逐渐流行。特有财产是奴隶主交给奴隶的一小部分财产，由奴隶自行管理经营，但法律上仍属奴隶主所有。奴隶主往往许诺奴隶在经营特有财产获有盈余时，以其盈余购买自由而成为自由人。这种办法目的在于刺激奴隶的劳动，诱导他们替奴隶主死劲卖力。(2)释放奴隶开始成为风气。虽然奥古斯都帝采取反动措施，企图加以（接下页）

财产一样；根据皇帝宪令，尤其是本皇帝的宪令，由于各种不同理由而规定不由家长取得的东西，不在此限。因此，除了拥有军功财产或准军功财产的那些人以外，其他家子所立的遗嘱，哪怕在死亡前已成为自权者，一律无效。

1. 此外，未成熟者，因为他们没有必需的判断能力，精神病患者，因为缺乏理智，都不得订立遗嘱。即使在死亡前，未成熟者已经成熟，精神病患者重新恢复理智，仍不发生任何影响。可是精神病患者在间歇的清醒期间所立的遗嘱，是有效的；在精神错乱前所立的遗嘱当然是有效的。因为依法订立的遗嘱以及依法成立的任何其他行为，不因事后精神错乱而丧失其效力。

2. 同样，挥霍无度而被禁止管理自己事务的人，不得订立遗嘱；但在禁止之前所立的遗嘱，是有效的。

3. 聋哑人不总是能订立遗嘱的。聋子指完全丧失听觉而不是听觉有困难的人，哑巴指根本不能说话而不是说话有困难的人。其实，学识渊博的人，由于各种偶然事故，往往也会丧失听说能力。因此本皇帝宪令对于这些人予以救助，允许他们按照宪令的规定，在一定场合和采用一定方式订立遗嘱，并成立其他行为。但任何人在订立遗嘱后，因病或由于其他事故，成为聋哑的，其遗嘱仍然有效。

(接上页)遏止，终鲜成效。奴隶被释放时，通常由奴隶主交给一块土地使用，因而实际上被释放奴隶是被固定在保护人即原来的奴隶主的土地上，并对保护人负有财产上和其他方面的义务。(3)土地出租开始加强。佃户照例是贫民，他们很快就变成土地所有者无力支付的债务人，而沦为隶农。隶农被固着于他们耕种的土地上，土地所有人得将逃亡的隶农追回，在让与土地时，必须连同隶农一起让与，这里已出现了中世纪农奴制的萌芽。

4. 失明的人，除了遵照先帝查士丁的法律所规定的方式以外，不得订立遗嘱。

5. 被敌人俘虏的人，在被俘期间所订立的遗嘱即使以后返回，也不生效。但当初他在国内所立的遗嘱，在他以后返回时，根据回国权，依然有效；如何他在被俘中死亡，根据考尔乃里法[①]，该遗嘱仍属有效。

第十三篇　剥夺子女的继承权

遵守上述种种规则还不足以使遗嘱发生效力。凡有儿子在其权力下的，必须注意用记名式指定其儿子为继承人或取消其继承人资格。[②] 如疏漏未注明，遗嘱无效。因此即使儿子先于父亲死亡，任何人仍不得根据这一遗嘱成为继承人，因为遗嘱自始无效。但是关于女儿和男系的卑亲属（不同性别），古人有不同的规则。因为虽然这些人未被指定为继承人或取消资格，遗嘱不因而丧失效力，这些人有权会同被指定的继承人取得一定部分的遗产。家

---

① Lex Cornelia，公元前81年在考尔乃里·苏拉（Cornelius Sulla）独裁期间通过的平民决议，规定订立遗嘱能力的丧失，不影响在有能力时订立的遗嘱。

② 家长和在他权力下的家子，在财产关系上构成一个主体，集中表现在家长身上。事实上家子是共有人，因此他在家长死亡而继承遗产时，等于继承自己的财产，这就是说，自己是自身的继承人，此即自权继承人这一名词之由来。盖尤斯在解释自权继承人时说："他们是家内继任人，而且在家长生前已被认为多少是财产所有人"（《法学阶梯》，2.16.7）。保罗也写道："在自权继承人的场合，显然发生所有权的继续"（《学说汇纂》，28.2.11）。因此，家长为欲废除他的儿子为继承人，必须明白表示。否则亦须明白指定其为继承人。其意思务必十分明确，没有一点含糊，以保证遗嘱切实执行。另参阅本《法学阶梯》，2.19.2。

长没有必要用记名式取消这些人作为继承人的资格，而可以笼统地用“其余的人”一词把这些人包括在内。

1. 用记名式取消子女作为继承人的说法如下：“我的儿子铁提被取消继承人资格”，如遗嘱人没有其他儿子，也可以只说“我的儿子被取消继承人资格”，而不指出其名字。死后出生的子女也应被指定为继承人或被取消资格，他们的情况在下列一点上是相同的，即死后出生者，无论是儿子或不拘性别的其他卑亲属，如被遗漏而未注明，遗嘱仍然有效，不过随后如死后出生者——不问性别——成为宗亲，则遗嘱完全丧失效力。因此，如怀有死后出生子女的妇女流产，将不存在任何障碍，以阻止被指定的继承人继承遗产。关于取消死后出生的女性继承人，惯常用记名式或用“其余的人”一词，不过如用“其余的人”一词，必须对她们有所遗赠，以表示并未出于遗忘而把她们漏掉。至于死后出生的男性，即儿子和其他卑亲属，则只能用记名式取消其继承人资格，说法如下：“以后可能出生的任何儿子，一律取消继承人资格。”[①]

2. 凡继承自权继承人地位，从而通过这种准宗亲关系[②]而成为家长的自权继承人者，其被指定为继承人或取消资格，与死后出生的儿孙相同。例如，某人有儿子和儿子所出的孙子女处于其权力之下，由于儿子在亲等上较近，所以只有他才享有自权继承人的权利，虽然孙子女和他处于同一家长权力之下。但如儿子在父亲

① 或指明死后出生子女之母的名亦可，例如“尤里娅将生育的遗腹子”。

② 准宗亲关系，罗马法学家用以指有人事后以自权继承人身份出现的情况而言。

在世时死亡，或以任何其他方式脱离家长权，孙子或孙女就继承他的地位，他们通过准宗亲关系而取得自权继承人的权利。[①] 因此，为了使遗嘱不致失效，遗嘱人在指定或用记名式取消其儿子作为继承人而订立有效遗嘱的同时，必须指定或取消孙子或孙女作为继承人；否则，如果儿子在他在世时死亡，由于孙子或孙女继承儿子的地位，遗嘱将因准宗亲关系而失效。在这一点上，犹尼·维莱伊法[②]有规定，遗嘱人可以取消死后出生的儿孙继承资格的同样方式取消其继承资格。

3. 根据市民法，被解除家长权的子女没有必要在遗嘱中被指定为继承人或取消继承资格，因为他们不是自权继承人。但大法官命令，如他们——不问性别——不被指定时，应被取消继承人资格，被取消者系男性则用记名式，女性得笼统包括在“其余的人”一词内。但若他们既未被指定，又未按上述方式被取消继承人资格，大法官将赋予他们违背遗嘱内容所规定的遗产占有。[③]

4. 被收养的子女，当其在养父权力下时，视为具有与合法婚姻关系中出生的子女相同的法律地位，因此对于他们，亦应依上述关于亲生子女的规定，指定其为继承人或取消继承人资格。但他们如已被养父解除家长权，则无论根据市民法或大法官告示所形成的法律，他们均不在亲生子女之列。按照这个原则，当养子女仍

① 此外，还有其他一些情形，例如已被解除家长权的儿子重新又处于其家长的权力之下，被敌人俘虏的儿子重返家园，或在立遗嘱后收养子女等。

② Lex Junia Velleia，公元 11 年通过。

③ 见本《法学阶梯》，3.1.9 以及 3.9.3。

在养父家中时，从另一方面，即从他们生父的角度来说，他们被视为家外人，没有必要被指定为继承人或取消资格；但他们如被养父解除家长权，其所处地位，同他们被生父解除家长权后所处的地位一样。

5. 古法就是这样的。但是在我们看来，在这一点上区分男女性别是不合理的，因为男女同样参与生殖的自然职能，又考虑到古代十二表法将子女一律列为法定继承人，而此后大法官看来也照此办理，所以朕公布宪令，对于儿子、女儿和男系其他卑亲属，不问已生或死后出生，一律适用同样的法律；这样，所有子女无论是自权继承人或已被解除家长权的人，都必须用记名式被指定为继承人或取消继承人资格；如未加注明，关于遗嘱的失效以及被指定继承人的遗产继承权的被取消，与遗嘱人未注明自权继承人或被解除了家长权的儿子的情况相同，无论他们已经出生，或是胎儿而在后来出生。至于养子，我们在他们中作了区分，规定在上述关于收养的宪令中。

6. 如果军人在现役期间订立遗嘱，他明知有子女而未用记名式取消其已生的或死后出生的子女的继承人资格，根据皇帝宪令规定，他的缄默与用记名式取消继承人资格有同一效力。

7. 母亲或外祖父没有必要指定其儿女或外孙为继承人或取消其继承人资格，因此可以不予注明，因为母亲或外祖父和母系其他尊亲属的缄默，与父亲的取消行为发生同样的效力。因为无论适用市民法或大法官告示——根据告示大法官赋予被漏注子女违背遗嘱内容的遗产占有——如母亲不指定其子女或外祖父不指定其外孙为继承人时，都没有必要取消其继承人资格。在此情况下，儿孙等有其他补救方法，容后阐述。[1]

第十四篇　指定继承人

自由人和奴隶——无论自己的或他人的——都可以被指定为继承人。关于自己的奴隶，过去多数人的意见认为，如果指定他们为继承人，必须同时给予自由，始为适法。但是今天，根据本皇帝宪令，遗嘱人得不明示给予自由而指定他们为继承人。朕实施这一规则，非在标新立异，而是因为这样才公平；保罗[2]在所著论麦苏里·萨宾[3]和论普劳提[4]的著作中告诉我们，这同样是亚提里钦[5]的意见。遗嘱人只享有所有权而他人享有用益权的奴隶，亦被认为自己的奴隶。但是根据塞维尔帝和安多宁帝的宪令，有一种情况，虽然女主人指定奴隶为继承人而给予自由，其指定行为仍属无效，宪令规定的措辞如下："理性要求，女主人在被控与奴隶有奸情的案件尚未判决前，不能有效地以遗嘱释放她的奴隶。由此

① 见本《法学阶梯》，2.18。

② Julius Paulus，罗马帝国前期法学家，曾和乌尔比安一同担任近卫军长官伯比尼安的助理，随后他自己做了亚历山大塞维尔帝的近卫军长官。著作非常丰富，有《大法官告示释义（长官法论）》78 卷，《市民法论》36 卷，以及各种实用著作、专著和概论（其中包括《法学阶梯》两卷，《法学原理》7 卷和《格言集》5 卷），总计 86 种 319 卷；曾被大量摘录辑入《学说汇纂》，占该书全部内容约六分之一。所传《格言集》5 卷，约完成于 212 年，比较完整，其余所传只是一些残片。

③ Massurius Sabinus，罗马帝国初期法学家，也是第一个享有官方解答权的法学家。帝国初期在法学上两派之一的萨宾派即得名于他，最早创始人为卡必多（Ateius Capito）。萨宾著有《市民法论》3 卷，构成后世市民法著述的中心内容。

④ Plautius，罗马帝国前期法学家，写过一部关于长官法的重要著作。

⑤ Atilicinus，罗马帝国前期法学家。

得出结论，如女主人指定该奴隶为继承人时，其指定行为无效。”遗嘱人享有用益权的奴隶视为他人的奴隶。

1. 被主人指定为继承人的奴隶，如一直保持同一状态，于遗嘱生效时成为自由人和必然继承人。[①] 但若主人在生前把他释放，他得自行决定是否承受遗产，因为他既不是由于主人的遗嘱同时获得自由和遗产，所以不是必然继承人。但如果他被出让，他必须奉新主人之命承受遗产，因此新主人通过他而成为继承人。主人虽已指定奴隶为继承人，并给予自由，但奴隶一经出让，就不可能成为自由人或根据出让他的主人的遗嘱而成为继承人[②]，因为主人既经把他出让，就应认为放弃了给予他自由的意图。[③] 同样，他人的奴隶被指定为继承人的，如一直保持奴隶状态，他必须奉主人之命承受遗产。如果他在遗嘱人生前或死后而在他承受遗产前被主人出让，他必须奉新主人之命承受遗产；如果他在遗嘱人生前或死后而在他承受遗产前已获释放，他得自行决定是否承受遗产。

2. 他人的奴隶，在主人死亡后，仍得被指定为继承人，因为属于遗产的奴隶具有遗嘱能力[④]；在遗产未被承受前遗产所代表的，不是未来继承人，而是已死亡的被继承人。同样，胎儿的奴隶亦得

① Heres nacessarius，有两种：(a)用遗嘱指定的或在无遗嘱情形下继承遗产的自权继承人；(b)用遗嘱释放和指定为继承人的奴隶。他们都是在被继承人权力下的人，在被继承人死亡时，当然取得遗产。他们既无须表示承受遗产，也不得放弃继承。正因为如此，他们才叫做必然继承人或强制继承人。另参阅本《法学阶梯》，2.19.2。

② 他的主人通过他而成为继承人，他本身作为奴隶不得为继承人。

③ 以遗嘱给予自由是一种遗赠，而遗赠的撤销仅须遗赠人表示其意思即可。至于指定继承人是遗嘱的中心内容，只有另订立新遗嘱，才能使原指定行为丧失效力。

④ 见本《法学阶梯》，2.19.4。

被有效地指定为继承人。

3. 具有遗嘱能力的数人共有一个奴隶，而其奴隶被第三者指定为继承人者，应奉每一主人之命，按照每人对他的所有部分，承受遗产。

4. 遗嘱人可以指定一人或数人为继承人，人数并无限制。

5. 遗产一般被分成十二部分，总起来称整数。从每一部分到整数都有它自己的名称：uncia（一部分，即 1/12），sextans（六分之一，即 2/12），quadrans（四分之一，即 3/12），triens（三分之一，即 4/12），quincunx（五部分，即 5/12），semis（一半，即 6/12），septunx（七部分，即 7/12），bes（两个三分之一，即 8/12），dodrans（减去四分之一，即 9/12），dextans（减去六分之一，即 10/12），deunx（十一部分，即 11/12），as（整数）。可是，遗产并非总是必然分为十二部分的。因为遗嘱人要分为多少部分，便可分多少，因此如果他指定单独一个继承人，继承遗产的六部分，这六部分就构成整数，因为无论何人不能在死亡时一部分遗产由遗嘱支配，另一部分则不由遗嘱支配，除非他是军人，对于军人我们只考虑他在遗嘱中所表示的意思。反过来说，遗嘱人可以随意把他的遗产分成十二部分以上的部分。

6. 如果几个人被指定为继承人时，遗嘱人无须指明每人的份额，除非他不愿他们平均分得遗产。不指明份额，几个继承人就应平均分得。但如某些人的份额业经指明，而另一人虽被指定为继承人，但其份额未经指明，他即承受整数中多余部分的遗产。或者几个人被指定为继承人，而其份额未经分别指明，则多余部分由他们平分继承之。但若整数业已分配给份额经指明的继承人，而无多余时，则份额未经指明者分得遗产的半数，其份额已经指明者，无论一人或多人，取得其余半数。[①] 至于份额未经指明的继承人，不论在指定的名次上是名列第一，或在中间，或最后，都不相干，因为应始终认为未经明白地分配的部分是属于他的。

7. 现在且看，如果有剩余部分未指明，同时被指定的继承人中没有一人的份额未指明的，上述情形应如何决定？例如被指定为继承人的三人，经指明每人取得四分之一。在这里未指明部分显然应由各继承人按其份额的比例分得之，于是他们视为各被指定继承三分之一。反之，如果所指定的继承人的份额分起来超过整数，则各人的份额必须按比例扣减，例如指定继承人四人，各得三分之一，在这种情况下，应视为各被指定继承四分之一。

8. 如遗产部分数超过十二部分，被指定为继承人而其份额未指明者，将取得补足第二个整数的余额。如第二个整数已分配完毕，他将取得补足第三个整数的余额。但是所有这些部分，虽然超过十二之数，最后仍都归原为一个整数。

9. 指定继承人可以是不附条件的，也可以是有条件的，但不得附有始期或终期，例如"从我死亡时起五年后"、"从某日起"或"到某日止"成为继承人。这样附加的期日应视为多余的，从而继承人的指定应视为是无条件的。

① 例如铁提、塞伊和梅维三个继承人，其中铁提的份额是八部分，塞伊的是四部分，梅维的份额未经指明。这里，铁提和塞伊的份额合成十二部分，应认为遗嘱人把他全部遗产分为二十四部分，因而剩余的十二部分，即遗产的半数，归梅维取得。甚至依此类推而可认为遗嘱人有意分为三十六或四十八部分，这就是上段正文末句所说："遗嘱人也可以随意把他的遗产分成十二部分以上的部分"，而且正如以下第八段正文末句所说："最后仍都归原为一个整数。"

10. 在指定继承人、遗赠、信托遗给和释放奴隶时附有不可能完成的条件的，视为未附条件。

11. 如在指定时附有多种条件，而其条件是联合条件，例如，“如果这件事和那些事完成了”，那么所有条件都必须符合；如其条件是任择条件，例如，“如果这件事或那件事完成了”，那么只需符合其中一种条件即可。

12. 遗嘱人得指定从未见过的人为继承人，例如其兄弟在外地所生而为他所不认识的儿子，因为遗嘱人不认识自己所指定的继承人，并不使指定行为无效。

第十五篇　一般的替补指定

任何人可以在遗嘱中指定若干不同顺序的继承人，例如，“如果某某将不成为我的继承人的话，让某某成为我的继承人”，如此等等，遗嘱人愿意指定多少替补人便可指定多少；他甚至可以作为最后替补手段指定他的奴隶为必然继承人。

1. 遗嘱人可以几个人替补一人，或以一人替补几个人，或一人替补一人，也可以在被指定的继承人中间相互替补。

2. 如果遗嘱人指定份额不相等的几个继承人相互替补，而他们所替补的份额未经指明，应认为遗嘱人所给予替补的份额与原先指定给予的份额相等。庇乌斯帝就是这样批复的。

3. 如以共同继承人替补任何一个被指定的继承人，而以第三人替补共同继承人，塞维尔帝和安多宁帝批复，应不加区分，由第三人替补而取得上述两人的部分。①

4. 如果误认他人的奴隶为家长而指定其为继承人，并载明如果他不成为继承人时，由梅维替补他，则当奴隶以后奉主人之命承受遗产时，被指定替补者梅维可取得某一部分。因为这种措辞："如果他不成为继承人"，当遗嘱人明知其在他人权力下时，应解释为："如果他本人不成为继承人，亦不使他人成为继承人"；但当遗嘱人误信其为家长时，应解释为："如果他不为自己或不为以后对他行使权力的人取得。"②这就是提贝里帝就有关他自己的奴隶巴推尼一案所作出的决定。

① 例如甲和乙被指定为继承人，乙被指定替补甲，而丙替补乙。假定甲、乙都不取得遗产，则"应不加区分"，不论甲或乙先死或先拒不承受遗产或先丧失继承遗产能力，而由丙一并取得甲乙"两人的部分"。如甲先死，丙替补后死之乙，其理甚明。如乙先死，丙得根据默示替补的原则替补甲，而取得甲的部分。

② 本段确定"如果他不成为继承人"一句的含义。如遗嘱人明知所指定者为奴隶，则奴隶随后或为自己取得（如果他被释放），或为其主人取得（如果他没有被释放），这显然都在遗嘱人的意想中；因此，"如果他不成为继承人"一句，指"如果他本人不成为继承人，亦不使他人成为继承人"。如遗嘱人误以奴隶为家长，从而指定其为继承人，则遗嘱人心目中的继承人，除了被指定继承者本人外，还指"以后对他行使权力的人"，因为任何自权者都有可能改变身份，而处于他人权力之下（例如通过自权者收养）。这种可能性应在遗嘱人意想之中。但是无论如何，他的意想中或心目中绝对不会有目前的奴隶主，这是很显然的。误信奴隶为家长，不足以使指定行为无效，被指定者得依遗嘱继承遗产。但是另一方面，他为他目前的奴隶主所取得，显然不符合遗嘱人的本意，应认为"如果他不成为继承人"这一条件业已成就，从而被指定替补的人得要求继承遗产。现在被指定继承者和被指定替补者都主张取得遗产，因而就规定各取得半数。本段正文称"梅维得取得其一部分"，即指此半数而言。

第十六篇 为未成熟者替补指定

立遗嘱人以别的继承人取代在其权力下的未成熟子女作为继承人时，不但可以用上述方法作出替补指定，这就是说，如他的子女不成为继承人时，以他人为继承人，而且如其子女成为他的继承人，但未成熟而死亡时，可以他人为其继承人，例如这样的说法："我的儿子铁提是我的继承人，如果我的儿子不成为我的继任人，或成为继承人而在未达到自主（即成熟）以前死亡，即以塞伊为继承人。"在这种情况下，如果儿子不成为继承人，被指定替补者即成为父亲的继承人；但如果儿子成为继承人而在未成熟前死亡，被指定替补者即成为儿子的继承人。因为在习惯上，儿子在未达到自己得订立遗嘱的年龄时，家长可以替他订立遗嘱。①

1. 根据同样原则，朕在《法典》中加进一个宪令，规定遗嘱人对于儿孙辈或曾孙辈，不问性别亲等，如系精神失常，即使已经成熟，仍得比照为未成熟者指定的办法，指定某些人来替补。如果他们精神恢复正常，替补指定即丧失效力，这也是比照为未成熟者替补指定的办法，因为未成熟者一旦成熟，替补指定即丧失效力。

2. 因此，依照上述办法为未成熟者指定替补，可以说有两个遗嘱，一个是父亲的，一个是儿子的，好比儿子为自己指定了继承人；或者至少可以这样说：一个遗嘱涉及两件事情，即两宗遗产。

---

① 父亲死亡，子女成为自权者；但如尚未成熟，不能订立遗嘱，死亡时就可以发生无遗嘱遗产继承的情况。为了避免这种情况，习惯上父亲得在自己的遗嘱中为其未成熟子女指定继承人。

3. 但若遗嘱人心怀疑虑，生怕自己死时儿子尚未成熟，公开指定一个替补者，会使儿子有遭受暗算之虞，他可以在遗嘱的前部分公开地只作一般的替补指定；至于成为他的继承人的儿子如在未成熟时死亡即由替补者继承其遗产的这种替补指定，可以单独写明在遗嘱的后部分，另外封好，加盖印章。此外，并应在遗嘱前部分注明，在儿子在世而未成熟时，不得启视后部分。显然，这种为未成熟儿子作的替补指定，如写在指定儿子为继承人的同一部分遗嘱中，也具有充分效力，纵使这对未成熟者可能有危险。

4. 家长不但可以对于被指定为继承人的未成熟子女作出替补指定，以便当他们在如果成为其继承人后于未成熟时死亡时，可以自己中意的任何人替补，而且可以对于被取消继承人资格的子女为替补指定。因此，在这种情况下，被取消继承人资格的儿女，在未成熟期间，从亲友处基于继承、遗赠或赠与可能取得的东西，将一律归被指定为替补的继承人所有。上述关于为未成熟子女——无论被指定为继承人或取消继承人资格——的替补指定，应认为同样适用于死后出生的子女。

5. 任何人不同时订立自己的遗嘱，就不得为其子女订立遗嘱，因为未成熟者的遗嘱是父亲遗嘱的一部分和附属部分。如果父亲的遗嘱无效，为儿子订立的遗嘱也随之无效。

6. 遗嘱人可以对于每个子女分别地作替补指定，或对于在未成熟年龄最后死亡者为替补指定。如果他不愿意每个子女未留遗嘱而死亡，他可以对于他们分别地为替补指定：如果他为了完整地保持他们之间的法定继承顺序，他得对于最后死亡者为替补指定。

7. 为未成熟者为替补指定可以用记名式，例如指明“让铁提继承”,或用一般方式注明,例如“凡成为我继承人的人”。根据后面一种措辞,在未成熟子女死亡时根据替补指定而继承者,乃是所有被指定成为继承人并已接受为继承人的人,各按其原经指明的份额继承。

8. 因此,可以对于男性直到 14 岁为止,女性直到 12 岁为止,指定替补继承人。一旦超过年龄,替补指定即失去其效力。

9. 但是遗嘱人不得对于已被指定为继承人的家外人或成熟儿子为如下的替补指定:即若他在一定期间死亡,指定他人为其继承人。遗嘱人只能通过信托遗给,使指定的继承人负有义务移交遗产全部或一部给第三者。关于这一点的法律,详见下面有关篇目。[①]

第十七篇　遗嘱在哪种情况下失效

依法订立的遗嘱在它被撤销或丧失效力[②]前一直有效。

1. 遗嘱被撤销指在遗嘱人保持身份不变的情况下,遗嘱本身在法律上失去效力而言。例如某人在订立遗嘱后,经皇帝批准收养自权者为自己的儿子,或根据本皇帝宪令在大法官前收养在家长权力下的人为儿子;在上述情况下,遗嘱由于自权继承人的准宗

① 见以下第二十三和二十四篇。

② 罗马法学家用不同的词来说明遗嘱效力发生问题的各种不同情况。Tetamentum injustum,non jure factum,inutile,imperfectum 等词指不符合法律规定订立的遗嘱;nullius momenti 指其遗嘱漏未注明在遗嘱人权力下的子女;ruptum 指由于准宗亲关系或由于订立后一遗嘱而被撤销的遗嘱;irritum 指由于遗嘱人身份改变而成为无用的遗嘱;destitutum 指无人据以承受遗产的遗嘱,即被放弃的遗嘱,有时亦用 irritum 一词。

亲关系而被撤销。[①]

2. 前一遗嘱因事后依法订立另一遗嘱而被撤销，不问根据后一遗嘱是否有人成为继承人；唯一应考虑的是：这种情形是否可能有继承人。因此，如果被指定的继承人放弃继承，或在遗嘱人在世时死亡，或在遗嘱人死后而在他承受遗产前死亡，或者他是附条件被指定为继承人，因条件未完成而丧失继承权，在上述情况下，应认为遗嘱人未留遗嘱而死亡。因为前一遗嘱被后一遗嘱所撤销而失效，后一遗嘱又因无人成为继承人而失效。

3. 在合法有效地订立前一遗嘱后，又同样合法有效地订立后一遗嘱的，纵使在后一遗嘱中仅就某些特定物指定继承人，塞维尔帝和安多宁帝批复，前一遗嘱仍被撤销。我们将该宪令的词句摘录于此，因为它还含有其他内容："塞维尔帝与安多宁帝批复考采伊·康潘：第二次订立的遗嘱，虽仅就某些特定物指定继承人，其效力如同未载明这些特定物一样，但是毫无疑问，其中被指定的继承人或者应限于取得载明的东西，或者应限于取得按发尔企第法[②]所规定的四分之一，而将遗产的其余部分移交给在前一遗嘱中被指定的继承人，因为遗嘱人在后一遗嘱中载明，他在前一遗嘱中明白表示的依然有效。"因此，这也是撤销遗嘱的一种方式。[③]

① 见本《法学阶梯》，2.13.2。

② 不应该是发尔企弟法（Lex Falcidia），而是贝加斯元老院决议（senatusconsultum Pegasianum），前者适用于遗赠，后者适用于信托遗给。另参阅本《法学阶梯》，2.23.5。

③ 仅就某些特定物指定继承人的，在法律上应认为就遗产全部指定继承人，因为任何人不得仅使其身后遗产的一部依遗嘱继承（见本《法学阶梯》，2.14.5）。如在后一遗嘱中载明前一遗嘱仍然有效的话，这等于对后一遗嘱的继承人加以信托遗给的义务，信托遗给的内容则载明在前一遗嘱中。

4. 依法订立的遗嘱又通过另一种方式而失效，这就是遗嘱人的身份减等。朕已在第一卷中指出在何种情况下可以发生身份减等。

5. 在这种情况下，我们说遗嘱已失效，虽然被撤销的遗嘱和一开始就不依法订立的遗嘱也都可以说是失效的遗嘱。又依法订立的遗嘱，事后因发生身份减等而失效者，我们还同样可以说它是被撤销的。但是对于由于各种缘由所导致的遗嘱的无效给予不同的名称，当然更为适宜，因此对一些称为不依法订立的，另一些依法订立的称为被撤销的或失效的。

6. 最初依法订立的遗嘱，由于身份减等而失效时，它不是完全无效。如遗嘱曾经七个证人盖章，被指定的继承人得依照遗嘱内容取得遗产占有①，但以遗嘱人在死亡时是罗马公民和自权者为限。若遗嘱之失效，是由于遗嘱人丧失公民权或自由所致，或由于他受人收养而在死亡时仍在养父权力之下，则被指定的继承人不得依照遗嘱内容要求取得遗产占有。

7. 遗嘱不能单因遗嘱人事后不欲其生效而成为无效；因此，如果遗嘱人在前一遗嘱订立后，开始订立后一遗嘱，但因死亡受阻，或因改变想法致未能完成的，贝提克斯帝②致元老院的咨文中指出，依法订立的前一遗嘱，必须在后一遗嘱系依法订立而经完成的情况下才失效，因为未完成的遗嘱无疑是无效的。

---

① 如遗嘱人因身份减等而身份改变，遗嘱失效；如其以后恢复原来身份，依普通法律，遗嘱不因而恢复效力。大法官为了缓和这种严正性，容许被指定的继承人要求根据遗嘱内容取得遗产占有。

② Pertinax，公元193年即帝位，不到三个月被杀害。

8. 贝提克斯帝在同一咨文中宣称，遗嘱人为了诉讼的缘故而指定皇帝为继承人的，他不会接受其遗产[①]；为了弥补不依法订立的遗嘱起见而指定皇帝为继承人者，他不会批准其遗嘱；他不会单凭口头指定而接受继承人的名义；他也绝不根据无任何法律效力的文书而取得任何物。塞维尔帝和安多宁帝也经常作出同样的批复，他们说："虽然朕不受法律束缚，可是朕是遵照法律而生活的。"

第十八篇　不合人情的遗嘱

由于家长往往毫无理由地取消其子女的继承人资格，或在遗嘱中把他们遗漏[②]，所以规定允许子女在认为自己被不公正地取消资格或遗漏时得提起不合人情的遗嘱之诉，主张遗嘱人在立遗嘱时，精神不正常。但这并不是说遗嘱人确系精神失常，而是指他所立遗嘱，虽然合法，但不合伦常人情。其实，如果遗嘱人确系精神失常的话，遗嘱是无效的。

1. 不仅子女可以攻击尊亲属的遗嘱不合人情，反过来，尊亲属也可以攻击子女的遗嘱不合人情。遗嘱人的兄弟姐妹，根据皇帝宪令，在声名狼藉的人被指定为继承人时，也应处于优先地位。因此，他们不是对任何继承人都可以起诉的。兄弟姐妹以外的任

① 目的在使当事人他方以皇帝为对手。

② 这是指母亲或母系尊亲属如外祖父对于不在他们权力下的儿孙辈在遗嘱中漏未注明的情形而言，这意味着排除他们为继承人（见本《法学阶梯》，2.13.7）。至于家长对于在其权力下的子女在遗嘱中遗漏指名的，其遗嘱无效（见本《法学阶梯》，2.13.首段）。

何血亲都不能提起这种诉讼或胜诉。

2. 亲生子女和养子女(如系养子女则应遵照本皇帝宪令所作的区分),只有在不能依其他法律途径得到被继承人的遗产时,才可以提起不合人情的遗嘱之诉。如果他们能依其他法律途径得到全部或一部遗产的,便不得起诉。同样,死后出生的子女不能依其他法律途径得到遗产的,也可以提起这种诉讼。

3. 以上种种只有在遗嘱人未在遗嘱中遗给他们丝毫财产时,始能适用;本皇帝宪令是为了尊重天然权利才作这种规定的。因此,凡有任何一小部分遗产或任何一物遗给他们时,他们即不能提起不合人情的遗嘱之诉,不过他们有权要求补充不足之数,以达到他们在遗嘱人不留遗嘱而死亡时应得的遗产份额四分之一[①],即使遗嘱人并未在遗赠上指示须依公正人士的估计以补足四分之一。

4. 如果监护人以在其监护下的受监护人名义,接受监护人的父亲在遗嘱中所作的遗赠,而监护人的父亲并未遗给监护人本人丝毫财产,他仍得以自己的名义,对他的父亲的遗嘱提起不合人情的遗嘱之诉。

5. 反之,如果监护人因受监护人未从被监护人父亲的遗嘱中获得丝毫遗产,用受监护人名义提起不合人情的遗嘱之诉,结果败诉,监护人并不因而丧失在同一遗嘱中对他本人所作的任何遗赠。

6. 因此,只有在以下情况下才不得提起不合人情的遗嘱之诉,即已经取得其应得部分的四分之一,而不论应得部分是通过继

① 公元前40年通过的平民决议发尔企弟法(见以下第22篇)规定继承人的特留分为全部遗产的四分之一,因此遗嘱人所为遗赠,其总数不得超过全部遗产四分之三。

承权、遗赠、信托遗给、死因赠与、本皇帝宪令中载明各种情形下的生前赠与或宪令规定的任何其他方法所应得。

7. 上述四分之一应理解为，不论有权提起不合人情的遗嘱之诉的是一人或几个人，总之，只给予他们四分之一，由他们按比例分配，即每人得到其应得部分的四分之一。

第十九篇　继承人的性质和差别

继承人或是必然的，或是自权而必然的，或是家外人。

1. 奴隶被指定为继承人的是必然继承人；其所以称为必然，是因为不问本人愿意与否，在遗嘱人死亡时，他立即成为自由人和必然的继承人。因此，凡对于自己的支付能力有怀疑的，往往指定自己的奴隶为第一位、第二位或顺序较后的继承人，在遗产不能满足债权人时，就由债权人对继承人而不是遗嘱人的财产进行占有、出卖或分割。为了补偿这一不利，奴隶在他的保护人死后所取得的财产，留归他自己所有，因为即使被继承人的财产不足以清偿，债权人也不得出卖奴隶根据这种情况为自己所取得的财产。

2. 自权而必然的继承人指子女，儿子所生的孙子女，以及其他卑亲属，但以他们在死者死亡时处于死者权力之下的为限。孙子女之成为自权继承人，不仅需要在祖父死亡时处于其权力之下，他们的父亲还需在祖父生前已终止为自权继承人——或因死亡或由于任何其他原因而脱离了家长权，在这种情况下孙子女才取得他们父亲的地位。他们被称为自权继承人，因为他们是家内继承人；即使在家长在世时，他们也被认为多少是遗产所有人。因此，如某人未留遗嘱而死亡，首先应由其子女继承。他们又称为必然继承人，因为不问他们是否愿意，也不问根据法定继承或根据遗嘱，在任何情形下，他们均成为继承人。但若他们愿意放弃遗产[①]的话，大法官应予准许，从而使债权人占有的财产是被继承人的财产而不是继承人的财产。

3. 凡不处于遗嘱人权力下的人都称为家外继承人。因此，我们自己的子女，如不在我们权力下而被指定为我们继承人的，是家外继承人。出于同样原因，母亲指定的继承人，也是家外继承人，因为妇女对于子女不具有家长权。又奴隶被主人指定为继承人，而在遗嘱订立后被释放者，也是家外继承人。

4. 关于家外继承人的规则是：不问他们本人或在他们权力下的人被指定为继承人，都应具有遗嘱能力。这应在两个不同时间来考察：首先，在遗嘱订立时，以便确定指定行为能否成立；其次，在遗嘱人死亡时，以便认定遗嘱是否发生效力。此外在承受遗产时，继承人也应具有遗嘱能力，不问他是无条件地或附条件地被指定为继承人；因为其作为继承人的能力主要应在承受遗产时来考察。但在遗嘱的订立和遗嘱人的死亡或指定条件的完成之间的一段期间，如继承人身份改变，不应发生影响，因为我们说过，所应考察的只是上述三个时间。[②] 具有遗嘱能力者，不仅指可以订立遗

① 自权而必然的继承人和必然继承人一样，在被继承人死亡时，当然取得遗产，不发生承受遗产的问题。但自权而必然的继承人得放弃采取继承人所为的任何行为，以免遗产同自己的财产相混淆。不过他不因而终止为继承人。如属于遗产的财物，尚有未被债权人出卖的，他可以终止放弃而取得余物。

② 上面只谈到“两个不同时间”，看来查帝认为有增补的必要，因而成为“三个时间”。

嘱的人而言，而且指得根据他人的遗嘱为自己或为他人而取得的人，尽管他自己不得订立遗嘱。因此，精神病患者、哑巴、死后出生的子女、家子和他人的奴隶都具有遗嘱能力；他们虽然不能订立遗嘱，但是他们得根据遗嘱为自己或他人而取得。

5. 家外继承人有权考虑是否承受遗产。[①] 但是如果有拒不承受遗产自由的人过问了遗产中的财产，或有权考虑是否承受遗产的家外继承人承受了遗产，以后就不得再放弃继承；除非他不满25岁，因为这种年龄的人，如果冒失地承受负担沉重的遗产，大法官将免除他们的责任如同大法官在他们受到欺诈的其他情形下所做的一样。

6. 但是必须指出，哈德里安帝曾对于一个年满25岁的人，允许其放弃遗产，因为承受遗产后，发现巨额债务，是在承受当时所不知者。但这是哈德里安帝对特定人所作的特殊恩赐。以后高尔第安帝[②]加以推广，但也只限于军人。朕心怀仁慈，特将此利益一律赐予帝国所有臣民，并颁布公正而卓越的宪令，凡遵守其规定而承受遗产的，仅在遗产价值限度内承担债务，因此可以不必多事考虑；除非他们不遵守此宪令的规定，而宁愿考虑，依照旧时法律，随着承受遗产而承担债务。

7. 在遗嘱中被指定为继承人或依法定继承而合法继承遗产的家外人，得因从事继承人的行为，或单凭接受遗产的意愿，而成为继承人。从事继承人的行为，指如同所有人那样处理属于遗产

① 家外继承人不同于自权而必然的继承人和必然继承人。前者于继承开始时不当然取得遗产，他有权考虑是否承受，从承受时起，他才取得遗产。

② Gordianus，统治年代公元238—244年。

中的物，例如出卖其物，耕种或出租其土地，或采用任何其他方法，无论以行为或言辞，宣布其承受遗产的意图，但他必须明知其继承人行为所涉及的物的所有人已经死亡，无论留有遗嘱与否，而他是继承人。因为从事继承人的行为，等于从事所有人的行为，古人就常用继承人来称所有人。家外人既可以只根据意图而成为继承人，因此，也可以由于相反的意图而立即被排除继承资格。天生或后天聋哑的人，并不妨碍其从事继承人的行为，并取得遗产，但以他知道自己所做的是什么为限。

第二十篇　遗赠

现在论述遗赠。这一部分的法律看来并不在我们现在论述的主题范围之内，因为这里所述的是关于物的概括取得的各种方法。但关于遗嘱和在遗嘱中指定继承人等问题，既经详加叙明，接下去探讨遗赠的问题，似乎并非不恰当的。

1. 遗赠是死亡者遗下的某种赠与。

2. 从前有过四种遗赠：对物遗赠，宣告遗赠，容忍遗赠和先取遗赠。每一种都有特定的言辞公式，以有别于其他各种。但是过去的皇帝宪令已把这些庄严的言辞公式全部废除了。朕为了尊重死亡者的意愿，主要依据死亡者的意向，而不是依据其用语，经苦心研究，遂公布宪令，规定所有遗赠具有同一性质，不论遗嘱人采取何种用语，受遗赠人为了起诉要求遗赠物，不仅可以提起对人之诉，而且可以提起对物之诉和抵押之诉。这一宪令是经过深思熟虑而成的，只要阅读其规定就可以认识到。

3. 但朕以为还不宜局限在这一宪令的范围内。古人对于遗赠定下了严格的准则,而对于信托遗给,由于它更直接地出于死亡者的本意,则容许有较大的自由。因此朕以为必须把一切遗赠与信托遗给等同起来,不加丝毫区别。遗赠方面的规定所短少的,可用信托遗给来补充;并把遗赠方面的规定的长处推广适用于信托遗给。但是在法学入门阶段,就把这两件事合起来解释,会使青年学生在学习上感到困难。为了避免这种困难,朕认为分别处理较为可取。首先探讨遗赠,然后探讨信托遗给。学生在认识了它们各自的性质后,遇到两者混合应用时,他们就有了准备,能有更深刻的理解。

4. 遗嘱人不但可以用他自己的或继承人的财产,而且可以用他人的财产作出遗赠。如以他人的财产遗赠,继承人必须购买此物以交付受遗赠人,如不能购买,则给予物的价值。但若遗赠物不具有商品性质,无法购买,如以练兵场、大寺院、庙宇或公用物遗赠,则继承人无给予物的价值的义务,因为这种遗赠是无效的。上述遗嘱人可用他人的物遗赠,应指遗嘱人明知其物属于他人所有;而不是说他是不知情的,因为如明知属于他人所有,他可能不会把它遗赠的。安多宁帝就是这样批复的。又原告即受遗赠人应证明遗嘱人明知其物属于他人所有,而不是由继承人证明遗嘱人对此并不知道,这也是比较正确的见解,因为原告应负举证之责。

5. 遗嘱人如以质押于债权人的物遗赠,继承人负赎回其物的义务。这种情形与以他人之物遗赠相同,亦须遗嘱人明知其物已质押于债权人,而后继承人才负赎回其物的义务。塞维尔帝和安多宁帝就是这样批复的。如遗嘱人有意使受遗赠人赎回,并明白表示其意愿，继承人即不负赎回义务。

6. 如果以他人之物遗赠，而在遗嘱人在世时其物已成为受遗赠人所有，在受遗赠人购买而取得该物的情况下，他可以提起遗嘱之诉，要求偿还价金。但如受遗赠人以纯粹得利方式，例如接受赠与或其他相似方式而取得，他不能提起这种诉讼；因为公认的规则是，两种纯粹得利的取得方式不得就同一物在同一人身上发生。因此，如果两个遗嘱以同一物遗赠同一人，应视其第一次所取得的是物，还是物的价值；如果是物，他不能起诉，因为他已按纯粹得利方式而取有该物，如果是物的价值，他可以起诉。

7. 遗嘱人可以把尚未存在而将存在的物，例如某园生产的果实或某女奴将生育的婴孩作为有效的遗赠物。

8. 如以同一物共同地或分别地遗赠两人，而两人都接受遗赠时，其物由两人分得之。如其中一人由于拒不接受遗赠，或由于在遗嘱人在世时死亡，或由于任何其他原因而不领受，全部遗赠物归属于共同受遗赠人。所谓共同地遗赠，例如遗嘱人说："我把我的奴隶斯提赫遗赠给铁提和塞伊。"所谓分别地遗赠，例如遗嘱人说："我把我的奴隶斯提赫遗赠给铁提，我把我的奴隶斯提赫遗赠给塞伊。"即使遗嘱人说他遗赠的是同一奴隶斯提赫，仍应视为分别地遗赠。

9. 如遗嘱人以他人的土地遗赠，而受遗赠人买受除去用益权的该土地所有权，随后用益权又归属于他，受遗赠人根据遗嘱起诉，犹里安说，要求土地之诉是有理由的，因为在这一请求中，用益权应被视为地役权。有上述情况下，审判员应命令支付扣除用益权后的土地价值。[①]

10. 如以已属于受遗赠人之物向受遗赠人遗赠时，其遗赠无效，因为已是自己之物，不能更成为自己之物。纵然他以后出让其物，他也无权取得该物或物的价值。

11. 如此为属于自己之物为他人所有而遗赠，遗赠是有效的，因为遗赠有效与否取决于实际情况而不是他所想象的情况。如果遗嘱人以为他所遗赠的物已属于受遗赠人所有，而实际上并非如此，遗赠也是有效的，因为遗嘱人的意愿仍然可以实现。

12. 遗嘱人如以自己的物遗赠，以后又将该物出让，柴尔苏斯[②]认为，如遗嘱人出卖其物时并无撤销遗赠的意图，受遗赠人仍有权要求取得遗赠。塞维尔帝和安多宁帝就是这样批复的。他们又批复决定，遗赠不动产，而在立遗嘱后又将不动产抵押者，不得视为撤销遗赠，受遗赠人得对继承人起诉，要求向债权人赎回土地。又如以遗赠物的一部分出让，其未经出让的部分当然应给予受遗赠人，关于出让部分，则限于遗赠人在出让时并无撤销遗赠的意图的情况才有权取得。

13. 遗嘱人如以免除债务向债务人遗赠，遗赠是有效的，继承人既不得对债务人本人，也不得对他的继承人或处于继承人地位的任何人请求清偿。债务人并且得对继承人起诉，要求其免除债

① 土地一词，固然指全部和完整的所有权而言，但其上如设定地役权的，应减去其地役权。用益权既视为地役权，则受遗赠人所要求的，应认为只限于除去用益权的所有权。又受遗赠人既已买受土地，审判员只能判令支付扣除用益权后的土地价值。

② P. Juventinus Celsus，罗马帝国前期法学家，除担任过执政官外，还是哈德里安帝御前会议成员。主要著作有《市民法、长官法合论》，凡39卷。

务。又遗嘱人可以禁止继承人在一定期间要求清偿债务。

14. 反之,如债务人以对于债权人所负债款向债权人遗赠,而在遗赠中所包含的不比债务中所包含的多,其遗赠无效,因为债权人并不因遗赠得到任何利益。但若以附有期日或条件的债务作为单纯债务而遗赠,遗赠是有效的,因为债务的清偿期提前了。但若在遗嘱人在世时期日到期或条件成就者,依据伯比尼安的意见,遗赠仍为有效,因为它一度是成立的。这种意见是正确的。另一种意见以为一度成立的遗赠后来消灭了,因为发生了当初本可能阻止成立有效遗赠的情况,但这种意见未被采纳。

15. 如丈夫以妻子的嫁资遗赠其妻子,遗赠是有效的,因为它给予比嫁资返还之诉更多的东西。① 但如果他实际上未受有妻子的嫁资而以嫁资为遗赠,在这种情况下,塞维尔帝和安多宁帝批复,如其所作遗赠的嫁资不特加说明,其遗赠无效;如在遗赠中指明嫁资的一定金额或某一特定物,或载明在嫁资设定证书中的一定金额,在可接受为嫁资前接受为遗赠,其遗赠有效。②

16. 如遗赠物非由于继承人的行为而丢失,由受遗赠人负担其损失。如以他人的奴隶遗赠,而奴隶非由于继承人的行为被释放者,继承人不负责任。但遗嘱人如以继承人的奴隶遗赠,而继承

① 妻子提起嫁资返还之诉(见本《法学阶梯》,4.6.29)时,丈夫得要求扣除其就嫁资所支出的费用;如以嫁资遗赠妻子,其妻子可以根据遗嘱起诉,负有给付遗赠物义务的继承人不得要求上述扣除。

② 例如:遗赠人说"我以我妻带给我的嫁资遗赠给她",如果她并未带给嫁资,遗赠无效。又如:"我给予我妻嫁资设定证书所载的财产",如无嫁资证书,遗赠也无效。如果说"我以嫁资设定证书所载的某物给我妻",那么,其妻可主张所指定的某物,而所称嫁资设定证书则认为是多余的。

人随后将其释放，根据犹里安的意见，继承人应负责，不论他是否知道该奴隶已被遗赠于人。又如果继承人把被遗赠的奴隶赠与他人，而受赠人将奴隶释放，则即使继承人不知其奴隶已被遗赠，仍应负责。

17. 如果遗嘱人以女奴连同她之所出一并遗赠，纵然女奴死亡，其子女仍不失为遗赠物。同样，如以普通奴隶连同附属奴隶[①]一并遗赠时，纵然普通奴隶死亡，附属奴隶仍不失为遗赠物，但若以奴隶连同他的特有财产一并遗赠，随后奴隶死亡或被出让或被释放，特有财产的遗赠因而消灭。同样，如遗嘱人以备有使用物或装饰物的土地或以土地连同耕具一并遗赠，而其土地被出让，则附属物和工具的遗赠也因而消灭。[②]

18. 如以羊群遗赠，随后羊群减少至仅存一头时，受遗赠人得提起对物之诉，请求剩余的一头。

19. 根据犹里安的意见，羊群的遗赠，包括在遗嘱订立后增添的羊在内。因为羊群是各头羊所组成的单一体，正如建筑物是结合起来的石块所构成的单一体一样。因此，以建筑物遗赠的，在遗嘱订立后增添的柱子和大理石一并包括在遗赠物之内。

20. 如以奴隶的特有财产遗赠，特有财产在遗嘱人在世时的一切增减，无疑地都归受遗赠人取得或负担。如在遗嘱人死后和继承人承受遗产前奴隶有所取得时，犹里安作出下列区别：如以特

① 普通奴隶都有一定职务，如烹饪、理发、制鞋等等。附属奴隶是他的助手，侍候他和必要时代替他操作。附属奴隶构成普通奴隶特有财产的一部，但在遗赠问题上，他多少是一个独立单位。

② 因为工具是从物。

有财产遗赠奴隶本人，同时一并给予自由，受遗赠人在继承人承受遗产前所取得的一切，也属于受遗赠人所有：因为关于这种遗赠，受遗赠人的权利，于继承人承受遗产时起才固定；如以特有财产向第三者遗赠，上述奴隶之所得不包括在遗赠物之内，除非所得是利用特有财产中的财物所得来。[①] 特有财产未经订明遗赠奴隶者，不因遗嘱给予奴隶自由而属于奴隶。至于遗嘱人生前释放奴隶的，只要他不明示把特有财产从奴隶手中取去，特有财产即属于奴隶所有。塞维尔帝和安多宁帝就是这样批复的。他们又批复决定，以特有财产遗赠奴隶，不得视为给予奴隶请求返还他们为主人所支出费用的权利。又批复，如遗嘱人命令在奴隶结清账目，并从其特有财产中补足差额后即获得自由，应认为是以特有财产遗赠奴隶。

21. 无论有形体物或无形体物都可以遗赠，因此遗嘱人得以他的债权遗赠，继承人因此就必须为受遗赠人的利益使用其诉权，除非遗嘱人已在生前提出了给付的要求，在此情况下遗赠消灭。又下列遗赠亦属有效："我的继承人应修缮某人的房屋"或"免除某

① 这一段如跟罗马法中 dies cedit 和 dies venit 的原则相结合，就比较容易了解。Dies cedit 直译"日子开始"，意即在这一天对于某物的权利已成为固定的了。Dies venit直译"日子到来"，意即在这一天得请求给付其物。关于遗赠，如不附条件，一般说来，dies cedens 是遗嘱人死亡的一天，dies veniens 是继承人承受遗产的一天。因此如果以特有财产遗赠第三者，在遗嘱人死亡时，受遗赠人的权利范围已经确定了，在 dies veniens 以前奴隶之所得，不并入被遗赠的特有财产，因此不增加受遗赠人的利益。所谓"除非所得是利用特有财产中的财物所得来"，例如构成特有财产一部的牛羊生了犊牛羔羊，则又当别论。如果以特有财产遗赠奴隶，同时一并给予自由，则须俟继承人承受遗产，奴隶始成为自由人，于是也从此时起，他的权利范围才固定；在继承人承受遗产前关于遗赠物的一切损益，均归属于奴隶。

人的债务”。

22. 如遗嘱人不指名地以奴隶或任何其他物遗赠，且无相反的表示时，其选择特定奴隶或物的权利属于受遗赠人。

23. 选择遗赠物，即遗嘱人指示受遗赠人从其奴隶或其他物中加以选择时，以前附有这一条件，即如受赠人生前不作出选择，他不得将遗赠物转给他的继承人。本皇帝的宪令改进了这一点，纵然受遗赠人生前未作出选择，他的继承人仍有权选择。为作进一步规定起见，本皇帝宪令又规定，如果有几个受遗赠人，均有权选择，而在物的选择上存在着意见上的分歧，或者受遗赠人有几个继承人，而在物的选择上相互之间意见不一致，其中一人选择此物，他人选择他物，为免遗赠失效（多数古时法学家如此主张，其实是不公平的）应由命运决定其选择，在抽签中任何人中签，他的选择便占优势。

24. 仅得对具有遗嘱能力的人遗赠。

25. 过去，对不确定的人不得遗赠或信托遗给，甚至军人也不能对不确定的人遗赠，这是哈德里安帝所批复的。不确定的人指在遗嘱人心目中不明确的人而言，好比说：“谁愿意把他的女儿嫁给我的儿子，就让我的继承人给他某块土地。”同样，对在遗嘱订立后第一个担任执政官的人遗赠，也视为对不确定的人遗赠，其他类似例子尚多。此外，也不得以自由给予不确定的人，因为释放奴隶，规定应用记名式。[①] 指定监护人，也必须有确定的人。但遗赠若载明确定的说明，即对于确定的人中间的某个不确定的人遗赠，

① 指福费·加尼尼法，目的在于限制释放奴隶（见本《法学阶梯》，1.7）。

其遗赠有效。例如,“在我现存血亲中,有谁愿意跟我女儿结婚的,就让我的继承人给他某物。”但在对不确定的人遗赠或信托遗给的情况下,出于错误而给付的,依照皇帝宪令规定,不得请求返还。

26. 过去,对家外死后出生子女作出遗赠的,其遗赠无效。家外死后出生子女指出生后不列为遗嘱人的自权继承人的任何人。对祖父来说,被解除家长权的儿子所生的,即他的死后出生的孙子,是家外死后出生的人。

27. 但是这一部分并不是没有经过适当修正的,因为朕在《法典》中列入的一个宪令,不但修改了关于继承遗产部分的法律,而且修改了关于遗赠和信托遗给部分的法律。这种修改可从阅读宪令本文得知。但是指定不确定的人为监护人,即使根据本皇帝的宪令,依然是被禁止的,因为任何父亲应该注意指定确定的监护人来关怀他的后代。

28. 无论过去和现在,都可以指定家外死后出生的子女为继承人,除非怀胎的妇女,依法不得成为未出生子女的父亲的妻子。

29. 如遗嘱人对受遗赠人的姓名别号发生错误,只要其人可以确定,遗嘱仍属有效。这也适用于继承人,而这是正确的。指出姓名只是为了指出具体的人,如能用其他方法加以识别,实际上是一样的。

30. 下列法律规则与上述极相近似,即遗赠不因在说明上有错误而无效。例如遗嘱人说:“我以在我家出生的奴隶斯提赫作为遗赠”,虽然奴隶并非在他家出生而是买来的,只要能确定其人,其遗赠是有效的。下列说明亦同:“我从塞伊那里买来的奴隶斯提赫”,而其实该奴隶是从别处买来的;只要能确定要给的是哪一个奴隶，仍不失为有效的遗赠。

31. 作出遗赠所举的错误原因更不影响遗赠。例如遗嘱人这样说："我把我的奴隶斯提赫遗赠给铁提，因为他在我不在时照料我的事务"，或者"我把斯提赫遗赠给铁提，因为他为我辩护，使我免于重大罪嫌"；纵然铁提从来没有管理遗嘱人的事务，也没有为他辩护，遗赠仍然有效。但若注明原因是以附有条件的形式，则又当别论，例如这样说："如果铁提照料我的事务，我把某块土地遗赠于他。"

32. 有人问遗嘱人可否对继承人的奴隶作出遗赠。如果无条件地遗赠，其遗赠显然无效；即使奴隶在遗嘱人在世时已从继承人权力下释放出来，亦属无效；因为假使遗嘱人于订立遗嘱后立即死亡，遗赠是无效的，那就不能单因为遗嘱人寿命较长，而其遗赠便成为有效的了。但若遗嘱人附有条件对奴隶遗赠，那就应该考察，在确定遗赠物权利时奴隶是否已不再在继承人的权力之下。①

33. 另一方面，对被指定为继承人的奴隶的主人，遗嘱人可以不附条件而作出有效的遗赠，这是毫无疑问的。因为遗嘱人于作成遗嘱后立即死亡，并不因而使受遗赠人的权利便固定于将是继承人的那个人身上；因为遗产继承和遗赠是分立的。很可能他人通过这一奴隶而成为继承人，例如在奉主人即受遗赠人之命承受

① 任何人不得在同一次继承事件中同时是继承人和受遗赠人，这就是说，他不得同时是自己的债权人和债务人。奴隶是为奴隶主取得遗赠物的，因此，如果对继承人的奴隶为无条件的遗赠，就有可能使继承人同时成为受遗赠人。至于附条件的遗赠，在条件成熟时权利始确定，那时奴隶可能改处于他人权力之下，或已被释放，于是遗赠是有效的。如果奴隶仍在继承人的权力之下，遗赠无效。

遗产前，奴隶被出让而改处于新主人的权力之下；也很可能他被释放，于是他自身成为继承人。在上述无论哪种情况下，遗赠将是有效的。但若奴隶始终处在同一情况下，并奉受遗赠人之命承受遗产，遗赠即归消灭。

34. 旧时，遗嘱上遗赠写于指定继承人之前时，其遗赠无效，因为遗嘱是在指定继承人的行为的基础上发生效力的，正因为如此，指定继承人行为被视为全部遗嘱的主脑和基础。根据同一理由，给予自由不得写在指定继承人之前。但朕以为拘泥于书写的次序（看来古人自己也不以为然）而抹杀遗嘱人的意图是不合理的，因此，公布宪令予以修正，准许把遗赠写在指定继承人之前，或在指定几个继承人之中，至于给予自由，总是特别重视的，更应该如此。

35. 过去，遗嘱上载明遗赠在继承人或受遗赠人死亡后发生实效的，这一遗赠无效，例如遗嘱人说："当我的继承人死亡时，我作为遗赠给予"，或"在我的继承人或受遗赠人死亡前夕，我作为遗赠给予"。朕也在这一点上修正过去的规则；今后这种遗赠将同信托遗给发生同样效力，使遗赠不致在这一点上较信托遗给还不如。

36. 遗嘱人具有惩罚用意而作的遗赠、撤销遗赠或移转遗赠，过去也是一律无效的，具有惩罚用意的遗赠指强制继承人[①]做或不做某件事而作的遗赠而言，例如遗嘱人说："如果我的继承人把他的女儿嫁给铁提"（或是相反的情形，"不把她嫁给他"），"让他给

① 如系对于受遗赠人的强制，例如说："如果铁提把他的女儿嫁给塞伊，我以十个金币遗赠于他"，这等于附条件遗赠，于法并无不合。因此所谓惩罚，是从继承人的角度来看的。

塞伊十个金币”；或“如果我的继承人把奴隶斯提赫出让”（或是相反的情形，“不把他出让”），“让他给铁提十个金币”。人们这样严格地遵守这一规则，以至若干皇帝宪令指明，皇帝自身也不得接受具有惩罚用意的遗赠。甚至在军人遗嘱中这种遗赠也是无效的，虽然在其他方面军人在遗嘱中所表示的意思总是受到极端尊重的。甚至自由也不能具有惩罚用意而给予。依照萨宾的意见，尤其不能具有惩罚用意加添继承人，例如说：“铁提是我的继承人，如果铁提把他的女儿嫁给塞伊，就让塞伊也做我的继承人。”因为用什么方法对铁提加以约束，不论是通过遗赠还是加添继承人，毫无区别。不过如此挑剔，朕颇不以为然。因此，本皇帝宪令一般地规定，具有惩罚用意的遗赠、撤销或移转遗赠，与其他遗赠同样对待，除非这是不可能的，受到法律禁止的或不道德的，因为我们时代的原则不能容忍这些遗嘱处分发生效力。

第二十一篇　遗赠的撤销和转移

撤销遗赠，无论在同一遗嘱中或在遗命书启中载明，都是有效的。撤销可用与遗赠相反的词句，例如遗嘱人载明：“我作为遗赠而给予”，后又把遗赠撤销而载明：“我不作为遗赠而给予”；或不用相反的词句，而用其他任何词句，亦无不可。

1. 遗嘱人可以把遗赠从一人转移于另一人，例如：“我把过去所遗赠铁提的一名奴隶斯提赫，遗赠塞伊”，这可载明在同一遗嘱中或遗命书启中；这种情形似乎对铁提说来是撤销，同时对塞伊说来是遗赠。

第二十二篇　发尔企弟法

尚待阐明的是发尔企弟法[①]，它对遗赠规定了最后一些限制。过去根据十二表法，遗嘱人可以通过遗赠处置其全部财产，因为法律规定，“个人无论怎样处置其财产，法律都认可”。现在看来应对这种过分的自由加以限制，这对遗嘱人本人说来也是有利的，因为往往他们所指定的继承人因为一无所得或所得无几拒不承受遗产，遂致他们成为不留遗嘱的死亡者。为此曾经通过弗里法[②]和伏考尼法[③]，但由于这两个法都没有达到预期目的，最后制定了发尔企弟法，规定遗嘱人全部遗赠不得超过其财产总数的四分之三，这就是说，无论被指定的继承人是一人或数人，必须留给他或他们至少四分之一。

1. 现在发生一个问题：在被指定的两个继承人中，例如铁提和塞伊，铁提的部分，被特别指定的遗赠全部扣除了，或负担很重，反之，塞伊的部分并无负担，或所负担的只达到他继承部分的半数；在这种情形下，是否因为后者保留了全部遗产的四分之一或更多，而使前者不能从其所应负担的遗赠中取得他应得部分的四分之一呢？经决定铁提可以保留他的部分的四分之一，因为发尔企

① Lex Falcidia，公元前 40 年通过的平民决议。

② Lex Furia，约公元前 183 年通过的平民决议，规定每次遗赠不得超过 1000 阿司（as，货币单位），但不限制遗赠次数。

③ Lex Voconia，公元前 169 年通过的平民决议，规定受遗赠人之所得不得超过继承人的所得。但遗嘱人可以加添遗赠人人数，使每人所得甚微，从而继承人之所得也可以成为微不足道，这会使他无意承受遗产。

弟法的计算法应对每一个继承人分别地适用。

2. 适用发尔企弟法时，应以遗嘱人死亡时的财产价值为依据。因此，例如某人死亡时其财产总值 100 金币，而他已把 100 金币全部作为遗赠；即使在承受遗产前，由于属于遗产中的奴隶的劳动，或女奴生育子女，或畜群繁殖，因而遗产增长，以致给付遗赠之数 100 金币以后，继承人还能保有四分之一，但是这对受遗赠人说来毫不发生影响，遗赠仍须被扣除四分之一。反之，如果遗嘱人以 75 金币遗赠，而在承受遗产前，由于火灾、船舶遭难或奴隶死亡，遗产价值仅存 75 金币或不到此数，继承人仍应给付全部遗赠不得扣除。这不一定就对继承人造成损失，因为他有自由拒不承受遗产。但是这样就使受遗赠人有必要与继承人妥协，使继承人获得遗产的一部，以免他放弃遗嘱以致受遗赠人反而一无所得。

3. 适用发尔企弟法的计算法时，先扣除债务、丧葬费和被释奴隶的价格，其剩余之数，四分之一由继承人保留，以四分之三按遗赠的比例，分配给各受遗赠人。因此，假定全部遗赠是 400 金币，而负担给付遗赠的财产总值等于此数，那么每一受遗赠人都应减去四分之一。但如果全部遗赠为 350 金币，每人应减去八分之一。如果全部遗赠达 500 金币，应首先减去五分之一，然后再减去四分之一，即应首先减去超过财产部分，然后再从财产中减去应由继承人保留的四分之一。

第二十三篇 信托遗产继承

现在论述信托遗给[1]，首先论述信托遗产继承。

1. 最初信托遗给是没有多大效力的，因为无法迫使任何人违背其意愿地去做只是由他人请求他做的事。当某人欲以遗产或遗赠物遗给他所不能直接遗给的人时，他便信托有能力根据遗嘱取得的人的诚意来实现。这叫做信托遗给，因为不能根据法律强制执行，而只能依靠他所委托的人的诚意来执行。后来，奥古斯都帝常常由于对某些人的照顾，或者由于提出要求据说是为了皇帝的安全，或者由于某些人背信弃义情节十分恶劣，于是命令执政官进行干预，行使他们的权力。由于他们的干预显得公正而深得民心，所以逐渐变成执政官经常管辖的事；信托逐渐为人们所乐于采用，以致随后设置了一位特别大法官，专门受理信托遗给事件，称为信托遗给大法官。

2. 首先应注意，必须在遗嘱中指定某人为继承人，然后信托他把遗产移交另一人。否则遗嘱无效，因为没有指定任何人为继承人。因此如遗嘱人写明："卢企·铁提是我的继承人"，他可以加上："我请求你卢企·铁提，一旦你承受我的遗产，就把它移交盖伊·塞伊"。遗嘱人也可以请求继承人移交遗产的一部分。又信托遗给可以不附条件，也可以附有条件或规定开始日期。

[1] 信托遗给，如以遗产全部或一部为标的，称信托遗产继承，相当于遗产继承；如以特定物为标的，称个别物的信托遗给，相当于遗赠。

3. 遗产既经移交，移交的人仍不失为继承人。至于接受遗产的人过去时而被看成是继承人，时而被看成是受遗赠人。

4. 在尼禄[①]年间，当特列贝里·马克西姆和亚耐·塞尼卡担任执政官时期，元老院通过决议[②]规定，基于信托遗给已将遗产移交后，根据市民法得由继承人或对继承人提起的一切诉讼，得向接受遗产的信托遗给受益人提起或由他提起。在这一元老院决议以后，大法官又将信托遗给受益人视同继承人，授予对他起诉或由他起诉的准诉权。[③]

5. 但是因为被指定的信托继承人往往被请求移交全部或几乎全部遗产，而自己则一无所得或所得无几，所以他可能拒不承受遗产，信托遗给因而时常消灭。所以以后在维斯帕西安帝年间，当贝加斯和普西奥担任执政官时期，元老院通过决议[④]规定，继承人被请求移交遗产时有权保留四分之一以为己有，正如在遗赠的情况下，他可以根据发尔企弟法予以保留一样。如系通过信托遗给而为个别物遗赠时，也准许其为同样的保留。在这一元老院决议后一段时期，遗产上的一切负担均由继承人承担，至于通过信托遗给接受部分的遗产的人，则被认为是分得受遗赠人，作为分得遗产

① Nero，统治年代公元54—68年。

② 特列贝里元老院决议（Senatūsconsultūm Trebellianum），公元56年通过。

③ 继承人是被继承人人格的延续，这是罗马市民法的原则。但特列贝里元老院决议却把信托遗给受益人与继承人相提并论，并且把他看做实际继承人。他得对被继承人的债务人起诉，同时被继承人的债权人也得对他起诉。但是这些诉权都是由大法官在虚拟他具有继承人资格（因为严格说来他不是继承人）的基础上赋予的，因此是准诉权。

④ 贝加斯元老院决议（Senatusconsultum Pegasianum），公元75年通过，以信托遗给受益人与受遗赠人相提并论。

一部分的受遗赠人。这种遗赠称为“分得”,因为受遗赠人与继承人共同分得遗产。因此,在继承人和分得受遗赠人间惯用的要式口约,也适用于继承人和信托遗给受益人间,这就是说,以要式口约订定各按比例分受遗产的利益,并分担其负担。

6. 因此,如果被指定的继承人被请求移交的,不超过遗产的四分之三,他即把这部分遗产依特列贝里元老院决议移交;一切有关遗产的诉讼,都可以对他们按比例提起——对继承人是依市民法的规定,对信托遗给受益人则依特列贝里乌斯元老院决议,仿佛他是继承人。如果他被遗嘱人请求移交遗产全部或四分之三以上,就应适用贝加斯元老院决议。一旦继承人承受遗产,只要他是自愿的,无论他保留四分之一与否,他就承受遗产的全部负担。不过,假使他保留四分之一,他们之间可以成立部分和按部分的要式口约[①],正如在分得受遗赠人与继承人之间成立的一样。假使他移交了全部遗产,他们之间便可成立买卖遗产的要式口约。[②] 但若被指定的继承人拒不承受遗产,说他担心承受遗产有遭受损失

① 以遗产的小部分遗赠的,受遗赠人(即分得受遗赠人)仍应向继承人主张其权利,他与被继承人的债权人、债务人无直接关系。根据他与继承人间所成立的部分和按部分要式口约,继承人承诺就从遗产债务人所得的,以一部分给予受遗赠人,而受遗赠人承诺就继承人向遗产债权人所为的清偿,以一部分偿还继承人。这种最初适用于继承人和分得受遗赠人间的要式口约,后来亦适用于继承人和信托遗给受益人。

② Emptae et venditae hereditatis stipulatio,是一种虚拟买卖。信托遗给受益人承诺偿还继承人所应支付的一切遗产债务,继承人承诺把从遗产债务人所得的一切移交信托遗给受益人,如此等等。这种办法,不但曲折复杂,而且使信托遗给受益人完全仰继承人的鼻息。继承人可以放弃继承,从而使信托遗给消灭;或继承人陷于无支付能力,遂使要式口约归于无用。特列贝里元老院决议和贝加斯元老院决议企图在这方面有所改进。

之虞，则按贝加斯元老院决议规定，在信托遗给受益人提出请求时，继承人得奉大法官之命承受遗产并移交之，而且正如特列贝里元老院决议所规定的情况，一切诉权都可由接受遗产的人行使或对接受遗产的人行使。在这种情况下，不需要任何要式口约，因为移交遗产的继承人已获得了保障，而有关遗产的全部诉权，都已移交由接受遗产的人行使或对他行使；这里，两种元老院决议同时适用。

7. 但是对于在适用贝加斯元老院决议的情况下成立的要式口约，甚至古人亦不以为然。一位伟大天才伯比尼安甚至认为在某些情形下等于强词夺理。[①] 朕主张，法律宁可简单，不要复杂。因此，在考虑了两种元老院决议异同之后、朕废止了成立在后的贝加斯元老院决议，而赋予特列贝里元老院决议唯一的权威。今后一切信托遗给，根据这一决议，都必须移交，不问继承人按照遗嘱人在遗嘱中的规定取有遗产的四分之一，或超过或不足此数，甚或一无所得；如一无所得，或所得少于四分之一，他可以根据朕的规定，保留四分之一，或补足短少之数，如其已经给付，可以要求返还；至于诉权，可按比例分别对于继承人和信托遗给受益人行使之，正如特列贝里元老院决议所规定的。如果信托继承人自愿移交全部遗产，属于遗产的全部诉权移转，由信托遗给受益人行使，或对他行使。至于贝加斯元老院决议的主要规定：如果被指定的继承人拒不承受遗产，只要信托遗给受益人提出请求，可以强制继

① 如继承人和信托遗给受益人间任何一方无支付能力，他方就丧失其自己的部方：或一方于清偿遗产债务后，不获他方偿还；或一方从遗产债务人所得的，他方未获移交。

承人移交全部遗产，从而一切诉权，应移转向信托遗给受益人行使或由他行使。这一规定现在移到特列贝里元老院决议中，今后，继承人如拒绝承受遗产，而信托遗给受益人愿意接受遗产的移交，则仅根据特列贝里元老院决议，就可被强制继承人移交；他本身既不获得利益，也不负担损失。

8. 某人被指定继承全部遗产而同时被请求移交遗产全部或一部，或被指定继承一部分而同时被请求移交这一部分或其中一定的部分，这两种情形之间，并无任何区别，因为上述关于移交全部遗产的规定，也适用于后一种情形。

9. 如果遗嘱人指明由某人扣除或先取一物，例如一块土地或其他物件，其价值相当于遗产四分之一，而同时请求他移交遗产时，他应根据特列贝里元老院决议移交，如同他被请求于保留四分之一以后将其余遗产移交一样。所不同者，在前一种情况下，即继承人被请求于扣除或先取一物后移交遗产，根据这一元老院决议，全部诉权，随之移转于信托遗给受益人；至于继承人取得之物，则无任何有关遗产的负担，完全像通过遗赠而取得一样。反之，在后一种情况下，即继承人被请求于保留四分之一以后移交遗产，则诉权按比例分配，关于遗产四分之三的部分移转于信托遗给受益人，关于四分之一的部分仍属于继承人。此外在某人被请求于扣除或先取某物后移交遗产的情况下，虽然某物构成遗产的极大部分，全部诉权仍移转于信托遗给受益人。因此，后者应该考虑，让继承人将遗产移交于他，是否得计。以上所述，同样适用于被指定的继承人所应扣除或先取者是两宗或两宗以上的物，或是一定金额而其数量相当于遗产四分之一，或竟构成遗产的极大部分。以上所述关于被指定继承全部遗产者，同样适用于被指定继承遗产之一部的人。

10. 除此以外，未留遗嘱而临终的人，得请求他所知道将依市民法或大法官法取得遗产的人，把遗产全部或一部，或任何特定物如土地、奴隶、一定金额等移交第三人。至于遗赠则非载明在遗嘱中者无效。

11. 信托遗给受益人得被遗嘱人请求重新将其物的全部或一部，甚或另一物移交另一人。

12. 最初，信托遗给全凭继承人的诚意，这也就是其名称和性质的由来。奥古斯都帝最先赋予它法律上的强制力加以补救。朕企图比奥古斯都帝更进一步，当杰出人物、帝国财务官特里波尼亚提请本皇帝注意某一案件时，朕制定宪令规定，如遗嘱人信托他的继承人移交遗产或特定物，而其事既无文书，又无五个足数的证人（在信托遗赠中规定的法定人数）可资证明，只有少数而不足五个证人，或根本没有一个证人在场，在这种情况下，无论是继承人的父亲或他人信托继承人的诚意，请求其移交，如这一继承人背信弃义，拒绝履行信托遗给，并矢口否认其事，信托遗给受益人在宣誓表明自己的诚实信用之后，得要求继承人宣誓[①]，继承人便受到强制，他或者宣誓，否认受到信托，或者——如其拒绝宣誓——向信托遗给受益人给付，不论是遗产全部，或是特定物。这是可以允许

① 指定继承人行为的有效成立，除遗嘱人的意思外，并以具备法定形式为必要条件。在查帝以前，遗赠的有效成立亦同。至于信托遗给，单凭遗嘱人的意思即可成立，形式仅具证明作用，而非成立要件。故如形式欠缺，可改用宣誓的办法证明。查帝时代，在这一点上遗赠与信托遗给相同。

的，以免遗嘱人所信托继承人执行的最后意愿不至于被破坏。同一规定也适用于受遗赠人或信托遗给受益人而负有同样移交义务的人。如果负有这种移交义务的人，自己承认应该移交，但在法律上要花招，图谋规避，那就无论如何应强制他履行其责任。

第二十四篇　特定物的信托遗给

遗嘱人可以用信托办法遗给特定物，如土地、奴隶、衣服、金银、钱币等，他可以请求继承人或受遗赠人把物移交于另一人，尽管他不能使受遗赠人负遗赠的义务。

1. 遗嘱人不但可以把自己的物，而且可以把属于继承人、受遗赠人、信托遗给受益人或其他任何人的物信托遗给。因此，受遗赠人和信托遗给受益人得被请求不但移交遗嘱人所遗给他们的物，而且移交其他物，不问其物是属于他们或别人所有。但应注意一点：任何人不得被请求移交超过他们根据遗嘱所得的；超过这部分的信托遗给无效。以他人之物信托遗给的，被请求移交的人应买受其物而移交，或支付其物的估计价值。

2. 同样，可以通过信托遗给而给予奴隶自由，即请求继承人、受遗赠人或信托遗给受益人释放奴隶。至于遗嘱人请求释放的是自己的奴隶，或是继承人、受遗赠人甚或其他人的奴隶，则无关紧要。如果奴隶不是遗嘱人的财产，必须买受而释放之。若奴隶的主人不愿出卖——应假定他从载明遗给自由的遗嘱中并无所得[①]——遗

① 如根据遗嘱而有所得，他便不应阻碍遗嘱人意思的实现。

给自由的信托并不消灭，而是推迟，因为可能过了一个时期，会出现购买奴隶的机会，从而给予奴隶自由。通过信托遗给而被释放的奴隶，不视为遗嘱人的被释自由人——纵然过去他是遗嘱人的奴隶——而是实行释放他的人的被释自由人。反之，直接根据遗嘱获得自由的，是遗嘱人的被释自由人，称为冥国自由人。[①] 直接根据遗嘱获得自由的，仅以在遗嘱人订立遗嘱时并在死亡时都是遗嘱人的奴隶者为限。直接给予自由指遗嘱人不请求他人释放奴隶，而愿意奴隶直接根据他的遗嘱获得自由。

3. 有关信托遗给最通行的词句是：我要求，我请求，我愿意，我委托，我信托。每个词句单独使用或这些词句一起使用具有相同的效力。

第二十五篇　遗命书启

在奥古斯都帝以前，遗命书启[②]肯定未得到法律的承认。从卢企·伦图路斯——他是信托遗给的创始人——开始，才承认了遗命书启。当他在非洲临终时，他书写了经遗嘱证实的遗命书启。

① 直接根据遗嘱获得自由的，以遗嘱人为其保护人，而遗嘱人现在已归冥府，故名。

② Codicillus，原指遗嘱人的书翰而言。遗嘱人为了避免重新订立遗嘱；或因事实上不可能完成遗嘱所必备的形式，乃用私函嘱咐继承人或受遗赠人在他死后完成某种事项。由此可见，Codicillus 一开始就与信托遗给有密切联系。遗命书启得在不留遗嘱而死亡的情形下成立，亦得作为遗嘱的附件。在前一种情形，遗命书启只能以信托遗给为其内容，在后一种情形，它组成遗嘱的一部分，其性质和内容视其是否经遗嘱证实而定。

在其中他通过信托遗给请求奥古斯都帝完成某些事项。由于奥古斯都帝接受了他的请求,他人加以仿效,完成了他们受信托的事项,如伦图路斯的女儿便给付了遗赠,虽然严格从法律上讲,她是没有这种义务的。传说奥古斯都帝曾为此召集了法律专家,其中有威望很高的特列巴提[①],询问他们是否可以采用遗命书启,其采用是否与法律原则相违背。特列巴提向奥古斯都帝建议允许用遗命书启,因为它对于市民说来极有用处,而且是必需的,因为当时人们往往长途旅行,虽在途中不能订立遗嘱,但至少能书写遗命书启。随后,拉别奥[②]自己也写了遗命书启,从此不再有人怀疑遗命书启在法律上完全有效。

1. 不仅可以在订立遗嘱后写遗命书启,而且可以临终不留遗嘱,而采用遗命书启作出信托遗给。但在订立遗嘱前写遗命书启的,根据伯比尼安的意见,除非以后在遗嘱中特别加以证实,否则遗命书启无效。但是塞维尔帝和安多宁帝批复,只需遗嘱人在随后订立遗嘱时看来未放弃他在遗命书启中所表示的意图,就可以根据那些在遗嘱前的作成的遗命书启,要求信托遗给。

2. 但是不能用遗命书启来给予或夺去遗产,否则就会混淆有关遗嘱和遗命书启的法律效果。因此,当然也不能用遗命书启来剥夺继承权。不过以上所述,只是限于不得直接用遗命书启来给予或夺去遗产,但若用遗命书启将遗产通过信托而遗给他人,这种

① Trebatius Testa,罗马共和国末期和帝国初期法学家,西塞罗的朋友。

② Anstitius Labeo,罗马帝国初期在法学上两派之一的普洛库尔派的最初创始人。他与萨宾派的最初创始人卡必多在思想上完全相反。卡必多坚持传统学说,拥护新建立的帝制,拉别奥主张革新法律,倾向共和政体。

办法乃是合法的。此外，也不得用遗命书启对被指定的继承人附加条件，或直接作出替补继承人的指定。

3. 可以制作多次遗命书启，并且不需要具备任何仪式。

第三卷

第一篇　无遗嘱的遗产继承

任何人死亡时不留遗嘱，是指他根本未订立任何遗嘱，或订立了不发生法律效力的遗嘱，或所立的遗嘱被撤销或成为无效，或没有任何人根据遗嘱成为继承人。

1. 根据十二表法，无遗嘱的遗产，首先属于自权继承人。

2. 如上所述，自权继承人是在被继承人死亡时，在他权力下的人例如儿子、女儿、儿子所出的孙子女，孙子所出的曾孙子女，至于是亲生的或收养的，则在所不问。还必须把不在合法婚姻关系中出生而奉献给市库里亚的子女[①]列入，因为根据皇帝宪令的规定，他们也取得自权继承人的权利。此外，还有本皇帝各种宪令中所提到的人，其中规定，如果与一妇女同居，初无结婚之意，但并非不可与之结婚，结果生了子女，由于以后对该妇女有了做丈夫的感情，于是跟她缔结婚姻，并且又生儿育女；在这种情况下，不但在设定嫁资后所生子女，而且在先前出生的子女，同样是合法的和处在家长权力之下，这些先前出生的使以后出生的获得合法名义。以

① 见以上第24页，注①。

上规则，也应适用于嫁资设定证书成立后并无所出，或所出都已死亡等情形。但孙子女或曾孙子女，只有在比他们亲等较近的人由于死亡或由于其他原因如解除家长权而中止处于家长权力下时，才得列为自权继承人。因为在死亡时有儿子在其权力下的，儿子所出之孙子不成为自权继承人；可以依此类推，以及于其他卑亲属。死后出生的子女，如果他们在家长在世时出生即处于他的权力下的，同样是自权继承人。

3. 自权继承人纵然自己不知道甚至患精神病，仍不失为继承人，因为，在我们不自知的各种情形下可以取得遗产，精神病患者也可以取得遗产。父亲一旦死亡，遗产的所有权并不间断，因此受监护人无须得监护人的核准——因为自权继承人纵然不自知也取得遗产——精神病患者取得遗产也并非基于保佐人的同意，而是依据法律取得的。

4. 有时儿子虽在父亲死亡时不处于其权力之下，仍可成为自权继承人，例如在父亲死亡后从被俘处返回，根据回国权他即成为自权继承人。[①]

5. 反之，儿子虽在父亲死亡时在其权力之下，但可能不成为自权继承人，例如其父在死亡后被判犯有叛国罪，从而声名狼藉；有此情形时，遗产由国库继承，其子不成为自权继承人。也可以这样说，自权继承人曾经依法存在，但他已终止成为自权继承人。

6. 如果有一子或一女和其他一子所出之孙子女，他们同时一起继承遗产，其在亲等上较近的不排除较远的，因为看来使孙子女

① 见本《法学阶梯》，1.1.25。

继承他们父亲的地位是公正的。根据同样理由,儿子所出之孙子或孙女以及孙子所出之曾孙子女也可同时一起继承遗产。由于孙子女和曾孙子女都各取代他们父亲的地位继承,所以看来遗产不应按人而应按系分割,使儿子取得遗产半数,另一儿子的卑亲属,无论是两人或两人以上,取得另一半。因此如果身后仅遗两个儿子所出的孙子女,其中一个儿子有一两个孙子女,另一个儿子有三四个孙子女,那么遗产的一半属于一个儿子所出的一两个孙子女,另一半属于另一个儿子所出的三四个孙子女。

7. 要知道某人是否是自权继承人,必须注意何时可以肯定被继承人未留遗嘱而死亡,这也包括无人根据遗嘱要求继承的情况在内。因此,如果儿子被取消继承人资格而家外人被指定为继承人,而在儿子死后,可以肯定被指定的继承人,由于他不愿或不能,将不成为继承人,则孙子将成为祖父的自权继承人,因为在肯定家长死亡时无遗嘱的时候只有孙子还在;关于这一点已无任何疑问。

8. 在祖父死亡后出生而在其生前成胎的,如父已死亡,而祖父的遗嘱随后又被继承人放弃时,即成为他祖父的自权继承人。显然,如他成胎并出生于祖父死后,即使其父亲死亡、遗嘱被继承人放弃都不可能使他成为祖父的自权继承人,因为他从未通过任何亲属关系与其祖父相连。又被解除家长权的儿子所收养的子女,也不列为祖父的孙子女。被解除家长权的儿子的养子女不但不能在遗产继承上被列为死亡者的孙子女,而且也不能作为最近亲等血亲要求占有遗产。关于自权继承人的叙述到此为止。①

① 以上系根据十二表法。

9. 根据市民法被解除家长权的子女无任何继承权利;他们不是自权继承人,因为他们已不再处于家长权力之下,而且根据十二表法,他们也并无任何其他权利据以继承遗产。但是大法官本于自然公正之道,赋予他们"给予子女"的遗产占有[①],完全如同在家长死亡时他们处于其权力下一样,不论除他们以外是否另有自权继承人。因此,如有子女两人,一人已被解除家长权,另一人在被继承人死亡时处于其权力下,根据市民法后者才是唯一的继承人,即唯一的自权继承人,但是被解除家长权的儿子,由于大法官的恩典,亦准许取得一部分遗产,因而自权继承人仅成为遗产一部分的继承人。

10. 被解除家长权的人自愿受人收养者,不得作为子女而占有其生父的遗产,但以生父死时他们仍在收养者家中者为限。但生父在世时被养父解除家长权的,仍准许其占有生父的遗产,如同他们被生父解除家长权后从未进入收养者家中一样。因此对养父说来,他们从此成为家外人。可是如果他们在生父死后被养父解除家长权,他们同样成为养父的家外人,但是不因而在继承生父遗产上取得子女的地位。作出这样的规定,是因为让养父有权任意决定生父的遗产应属于谁,是属于他的子女或是属于宗亲,这是不合理的。[②]

① 见本《法学阶梯》,2.13.3 以及 3.9.3。

② 本段区别三种不同情形:(a)如他们仍在养父家中,他们是养父的自权继承人,在对生父遗产关系上,大法官不给予他们任何权利;(b)如他们在生父生前被养父解除家长权,收养关系消灭,在对生父遗产关系上,大法官赋予他们"给予子女"的遗产占有;(c)如他们在生父死后被养父解除家长权的。在对生父遗产关系上,他们不取得子女的地位。

11. 由此可见，养子女的权利比不上亲生子女的权利，因为后者被解除家长权之后，由于大法官的恩典，仍可保持他们根据市民法业已丧失的子女地位。但养子女一旦被解除家长权，则根据市民法丧失子女的地位，又不能获得大法官的救助。这一区别是正确的，因为市民法不能毁灭自然权利，不能因为他们不再是自权继承人，所以也不再是儿子或女儿、孙子或孙女了。至于养子女一旦被解除家长权，即成为家外人；由于收养所取得的子女的名义和权利，也可以通过另一种市民法上的制度即解除家长权而丧失。

12. 同一规则适用于大法官容许被漏列的子女——即未被指定为继承人又未正式取消继承人资格的子女——不依据遗嘱内容取得的遗产占有；因为大法官允许在家长死亡时处于其权力下的人，以及被解除家长权的人，取得这种遗产占有，而排斥在亲生家长死亡时已进入收养者家中的那些人。同样，被养父解除家长权的养子女，既不能继承死时无遗嘱的养父，更不能不依据养父遗嘱内容而取得遗产占有，因为他们已不再列为他的子女了。

13. 但必须注意，在其生父未留遗嘱死亡时尚在收养者家中，或以后被养父解除家长权的人，虽然不得根据大法官告示的这一部分而取得遗产的占有，但是可以根据告示的另一部分主张作为被继承人的血亲继承遗产。根据这一资格继承遗产，限于没有自权继承人被解除家长权的子女任何宗亲的情况，因为大法官首先让自权继承人和被解除家长权的子女，然后让法定继承人，最后让最近亲等的血亲继承。[①]

① 以上是大法官法。

14. 以上是古时的规则。但本皇帝宪令对于那些被生父给予他人收养的子女，作了若干修正。因为发现这样一些事例，即儿子由于被人收养而丧失了继承生父的权利，另一方面，收养关系又很容易通过解除家长权而消灭，结果他们既丧失继承生父又丧失继承养父的权利。朕按照惯常纠正错误的办法，制定宪令，规定生父把他的儿子给予他人收养的，儿子的全部权利原封不动，仿佛他始终是在生父的权力下，而未发生任何收养情事；但有一点例外，养父未留遗嘱而死亡时，他仍有可能继承其遗产。如养父立有遗嘱，无论根据市民法或大法官法，养子不得要求任何部分遗产，他既不得要求不依照遗嘱内容取得遗产占有，也不得主张遗嘱不合人情，因为养父并无任何义务指定或废除养子为继承人，因为他们之间并无自然联系。甚至根据萨宾元老院决议[①]，就三个兄弟中择一收养者亦同，因为即使在这种情况下，养子仍不取得养父财产的四分之一，也没有实现这种主张的诉权，但是本皇帝的宪令规定受嫡亲尊亲属收养的例外，因为他们按自然法和按市民法的权利是一致的，所以对于这种收养，朕维持古法规定的全部效力；对于家长委身受人自权收养的亦同。一切详细规定均见上述宪令正文。

15. 古法优待男系卑亲属，规定仅男系所出的孙子女得作为自权继承人，列于宗亲之前而继承遗产。至于女儿所生的孙子女，或孙女所生的曾孙子女，均列为血亲，应次于宗亲而继承其外祖

① Senatusconsultum Sabinianum，大致在玛尔库帝年间（公元 160—180 年）元老院通过。

父或外曾祖父的遗产，或继承祖母或曾祖母——无论父系和母系——的遗产。但是历代皇帝不能容忍这种违反自然法的情况继续存在而不予修正，由于孙子女和曾孙子女的名义是父系和母系卑亲属的通称，因此历代皇帝赋予他们同一权利和同一继承顺序。但是为了使不仅按自然法而且按古法都受到特惠的人们享有一些特殊的利益，历代皇帝认为上述属于母系的孙子女及其卑亲属的部分，应当减少一些，就是使他们取得比他们母亲或祖母所能取得的少三分之一；或者如果继承一个妇女的遗产，则比他们父亲或祖父，包括外祖父在内，所能取得的少三分之一；如果除了他们之外，并无其他卑亲属，而他们又承受了遗产，便不使宗亲继承。正如在儿子死亡时，十二表法使无论父系或母系的孙子女和曾孙子女在继承祖父遗产时取代他们父亲的地位一样，皇帝宪令也使他们取代他们母亲或祖母的地位，唯一不同的是受到上述三分之一的扣减。[①]

16. 但是，由于宗亲和上述孙子女间的争执依然存在——这是因为宗亲根据某一宪令可以要求取得被继承人遗产四分之一的缘故——朕已废止这一宪令，而不容许它从《西奥多西汇纂》[②]编进本皇帝的《法典》中。朕公布的宪令，完全不同于这一过去的法律，规定如果女儿所生的孙子女，或孙女所生的曾孙子女，或任何其他女系卑亲属还存在的话，宗亲即无任何继承权可言，以免来自旁系的亲属优先于直系卑亲属。朕现在重申前令，这一宪令从公

① 这一段是查士丁尼帝以前的皇帝宪令。

② Codex Theodosianus，系官方所辑，包括历代皇帝宪令 3000 余种，公元 439 年公布施行。

布之日起按其内容发生全部效力。正如古法规定一个儿子和另一儿子的卑亲属之间不是按人而是按系分得遗产一样，朕规定这一分得遗产的办法，也适用于儿子和女儿所生的孙子女之间，或所有孙子女和其他卑亲属之间。这样，每一支系的子女可以取得他们父母或祖父母的部分而不受减损，假定一支只有一两个子女，另一支有三四个，那么一两个子女的一支取得遗产的一半，三四个子女的另一支取得另一半。①

第二篇　宗亲的法定继承

如无任何自权继承人，也无大法官或宪令规定与自权继承人一同继承遗产的人存在时，根据十二表法，遗产属于最近亲等的宗亲。

1．在第一卷中已经阐明，宗亲是通过男系即父方而联系起来的血亲，也就是通过父方的血亲。因此，同父所生兄弟相互间的关系是宗亲，亦称父系血族，不问是否同母所生。同样，叔伯对其兄弟的儿子说来是宗亲，反过来亦同。又父系兄弟也是宗亲，他们是两个兄弟所生的儿子，亦称从兄弟。依此类推，直至更远亲等的宗亲。在父亲死后出生的，同样取得父系血族的权利。法律并不以遗产继承权赋予所有宗亲，而只赋予在确定被继承人死时无遗嘱这一事实之时的最近亲等的宗亲。

① 这一段是查士丁尼帝的立法。

2. 宗亲的权利也可以由于收养而产生，因此亲生子与他们父亲所收养的儿子之间是宗亲关系。毫无疑问，他们都应当属于父系血族。因此，如果在你宗亲中有人，例如兄弟、叔伯或其他亲等较远的人收养子女，后者无疑将列为你的宗亲之一。

3. 在男性之间，宗亲关系，不问亲等远近，产生相互继承权。至于女性，人们认为只有姐妹才能根据父系血族的关系继承遗产，而不是更远亲等的亲属；而她们的男性宗亲，不问亲等远近，却都可以继承她们的遗产。因此，你能继承你兄弟的女儿、叔伯的女儿或姑母的女儿的遗产，可是她们却不能继承你的遗产。所以如此区分是因为以法律规定使遗产在多半情形下归属男性，似乎比较适当。但是把女性几乎一律作为家外人而加以排斥，显然是不公平的；所以大法官根据告示中关于以近亲名义取得遗产占有的部分允许她们取得遗产占有。但是根据这一部分的规定，这种主张必须以无任何宗亲或更近血亲存在时为限。十二表法当初未作出这种区分，它以法律所应有的简单，规定宗亲之间不问性别与亲等，一律可以相互继承，如同自权继承人一样。只是中期的法学[①]，即在十二表法以后但在皇帝宪令以前的法学，才非常精细地作出了上述区分，并将女性全部排斥于宗亲遗产继承之外，而当时尚不知有其他继承办法。直至大法官在逐渐纠正狭隘的市民法，补充其缺陷中，才根据公平观点，在他

① 伏考尼法(Lex Voconia)规定“……经普查登记为拥有价值十万银币财产的人，不得以遗嘱指定妇女为继承人”(引自盖尤斯：《法学阶梯》，2.274)，而法学家则更进一步，主张把妇女排除于法定继承之外。所谓中期法学显然指平民会议通过该法(公元前169年)以后的法学。

们告示中增加了新的继承顺序。从此按亲等远近的血亲系统也被接受，大法官据以给予女性遗产占有，以资补救。大法官允许她们的这种遗产占有称由于血亲的遗产占有。可是朕还是回到十二表法，在这一点的立法上依照十二表法。虽然大法官的一片好心值得赞美，但是朕以为他们没有提供一个完备的纠正缺陷的办法。为什么在男女处于同一自然亲等，并且同具宗亲名义时，只准男性继承所有宗亲的遗产，而将女性，除了姐妹是唯一的例外，完全排除在外呢？因此，朕全部恢复原状，使一切规定符合十二表法。本皇帝宪令规定，具有法定身份者，即男系卑亲属，无论男女，一律可以按亲等的远近主张在无遗嘱情形下的法定继承权，不得因其不具有姐妹所有的父系血族权利而将其排除在外。

4. 朕还认为必须在宪令中加上一点，即把整个一个亲等，而且仅仅一个亲等，从血亲关系移置于法定继承中；因此，不仅如上所述，兄弟的子女可以继承他们叔伯的遗产，而且姐妹的子女，无论是同父的或同母的姐妹，得连同前者一起继承他们舅父的遗产，但只限于姐妹的子女，而不包括更远的亲等。因此，如果某人死亡，他对他的兄弟的子女说来是叔伯，对他的姐妹的子女说来是舅父，两支的子女一律可以继承，仿佛他们都是男系卑亲属而享有法定继承权。但这仅限于死亡者未遗有兄弟姐妹者为限，因为如有兄弟姐妹，他们又接受遗产，更远亲等自然一律排除，在这里遗产的分割是按人而不是按系。

5. 如果有不同亲等的几个宗亲存在，十二表法明白规定由最近亲等继承。因此，例如被继承人遗有兄弟一人，以及另一兄弟的儿子或叔伯，兄弟有优先权。虽然十二表法在规定由最近亲等继承时，亲等一词所使用的是单数，但是毫无疑问，如同一亲等有几个人时，应由他们一起继承。虽然最近亲等应指在几个不同亲等中比较最近的而言，但如几个宗亲是同一亲等，遗产无疑地应属于他们全体。

6. 在死亡者无遗嘱的情况下，最近宗亲即在被继承人死亡时最近亲等的宗亲。如死亡者立有遗嘱，最近宗亲为确定无人依遗嘱成为继承人时的最近宗亲，因为只有从那时起，才可以确定认为死时无遗嘱。有时可能在其死后一个很长时期才能确定，在此期间，最近宗亲可能死亡，则在遗嘱人死亡时并非最近宗亲的人成为最近宗亲。

7. 从前规定，在这种继承中，不存在依次继承的问题，这就是说，如最近宗亲根据上述有权继承遗产而拒不承受或在承受前死亡，在顺序上次于他的人并不因而有权继承。在这一点上，大法官又作了尽管是不完全的改进。他们不使宗亲陷于毫无补救的地位，而规定宗亲仍得作为血亲而继承遗产，虽然他们已被排除宗亲权利之外。朕为求法律尽可能完善起见，基于公平原则，制定关于保护人权利的宪令，并予公布，决定不否认宗亲有权依次继承。因为大法官所给予血亲的权利，若拒绝宗亲享有，那确实是荒谬，尤其是因为关于监护的负担，如缺乏最近亲等，即由顺序较次的人承担，这样就等于在负担方面承认依次原则，而在利益方面则不承认。

8. 家长按信用契约对子女、孙子女或其他卑亲属解除家长权的，仍享有法定继承权。[①] 本皇帝宪令规定，现在对子女解除家长权的，一律视为按信用契约解除，这在古时则不然，家长必须在实行解除家长权时，明确订有信用契约，否则即无权继承。

第三篇　特图里安元老院决议

十二表法是这样严格和这样优待男系卑亲属而排除通过女系相联系的人，甚至连母亲和她的子女之间也不得相互继承。可是大法官允许这些人仅以其血亲关系取得遗产占有，称为“给予血亲”的遗产占有。

1. 但是法律的这种严格性，随后终于缓和了，克劳提帝[②]首创给予母亲亡子女遗产的法定继承权，以安慰她的伤感。

2. 随后在哈德里安帝年间，通过了特图里安元老院决议[③]，一般规定母亲而非祖母有继承她亡子女的遗产的可悲权利。因此，如母亲是生来自由人，有子女三人，或她是被释放自由人，有子女四人，她纵然处于家长权力下，仍得继承未留遗嘱的子女的遗产；但母亲如在他人权力之下，她只能奉她所在权力下的人的命令承

① 根据十二表法，不发生家长或尊亲属对其子女的法定继承问题。如果子女还在其权力下，于子女死亡时，家长本于其家长权（而非继承权）重新取得归其子女处分的一切财产。如果子女已被解除家长权，他们就不再是他家中的成员，因此他也无权继承子女的遗产。随后家子可以拥有特有财产，如军功财产和准军功财产。法律除许其以遗嘱就特有财产指定继承人外，在未留遗嘱而死亡情形下开始法定继承时，在继承顺序中列有家长或尊亲属。此外，家长在解除其对子女的家长权时得通过信用契约保留对子女的继承权，正如主人对被释放奴隶可以享有保护人权利一样。

② Claudius，在位年代公元 41—54 年。

③ Senatusconsultum Tertullianum，公元 158 年元老院通过。

受遗产。

3. 死亡者的子女，如果是自权继承人或处于自权继承人的地位，无论是第一亲等或较远亲等，其顺序先于母亲。如女儿死亡，根据宪令，她的子女的顺序先于她的母亲，即他们的祖母。死亡者的父亲较母亲为优先，祖父或曾祖父则并不优先，至少在继承遗产的竞争者限于他们与母亲的情况下是这样。[①] 子女的同父兄弟排除母亲，但同父姐妹则与母亲共同继承。若死亡者遗有同父兄弟和姐妹各一人，母亲虽有足数子女而享有继承权，仍被兄弟所排除，因此遗产由兄弟姐妹平均分得。

4. 但是朕所编《法典》中辑入了一个宪令，在这一宪令中，朕考虑到自然理性，以及分娩对母亲带来的痛苦、危险甚至死亡，认为应对母亲给予照顾。因此朕认为如因偶然事故而使她在法律上遭受不利，那是极不公正的。母亲如系生来自由人而生育子女不到三人，或是被释放自由人而生育子女不到四人，都不应被剥夺继承子女遗产之权。因为她子女生得少，怎能认为是她的罪行呢？因此，我们以全部合法权利给予每个母亲，不问她是生来自由人或被释自由人，也不问她是否生育三个、四个子女，还是只生了一个子女，如子女死亡，母亲对于其遗产一律享有法定继承权。

5. 旧时皇帝有关继承权的宪令，对母亲说来，一部分有利，一

① 在一般情况下，父亲排除母亲而继承亡子女的遗产。但若父亲被免除了家长权，他就被宗亲排除，而只能作为血亲列于宗亲之后继承。假使有宗亲如同母姐妹存在，遗产继承的竞争不直接发生于母亲与父亲之间（因为父亲已被宗亲排除），而发生于母亲与同母姐妹之间，遗产由她们（包括母亲在内）分得之。假使无任何宗亲，父亲可以血亲身份而要求继承，此时竞争发生于母亲父亲之间，母亲被排除。如竞争直接发生于母亲与祖父或曾祖父之间，则他们被母亲排除。

部分不利；并不总是使她继承子女的全部遗产，在某些情况下，扣减三分之一以给予某个宗亲，在另一些情况下，恰恰相反，只给予母亲三分之一。朕以为正确的办法是，把母亲肯定地列在所有法定继承人之先，并使她不受任何扣减而继承子女的遗产；除非被继承人遗有兄弟姐妹，不问是同父所生或仅具有血亲权利。因此，一方面母亲列在所有法定继承人之先，另一方面她同被继承人的全体兄弟姐妹，不问是否享有法定继承权，共同继承，所应遵循的规则如下：如果被继承人除母亲外尚遗有在宗亲或血亲上的姐妹，母亲取得遗产半数，其余一半由姐妹分得之；但若被继承人死时无遗嘱，除母亲外遗有兄弟一人或兄弟几人，又或遗有兄弟和姐妹，无论具有宗亲权利或仅仅具有血亲权利，其遗产应按人进行分割。

6. 朕既然照顾了母亲的利益，母亲也必须照顾子女的福利。她们应该知道，如果她们不要求对子女指定监护人，或遇有监护人被撤销或被免除担任的情形而在一年之内不要求补缺，人们有理由排除她们继承未成熟时死亡的子女的遗产。

7. 即使子女的父亲无法确定，母亲仍得依特图里安元老院决议继承子女的遗产。

第四篇　奥尔斐特元老院决议

反之，根据在玛尔库帝年间奥尔斐特和卢福担任执政官期间通过的奥尔斐特元老院决议[①]，子女也可继承未留遗嘱的亡母的

① Senatusconsultum Orphitianum，公元 178 年元老院通过。

遗产。因此，不问儿子或女儿，即使在他人的权力下，对于亡母的遗产都有法定继承权，而且列在其亡母的父系血族和宗亲之前。

1. 但是由于这一元老院决议并未规定孙子女对于祖母的遗产享有法定继承权，所以以后的皇帝宪令对此加以补充，现在孙子女与子女一样有权继承。

2. 必须指出，特图里安和奥尔斐特两元老院决议所赋予的那种继承权，不因身份减等而消灭。因为根据法律规则，身份减等不使后来法律所规定的法定继承消灭，而只影响十二表法所规定的法定继承权。[①]

3. 最后必须指出，生父不确定的子女，也可以根据这一元老院决议，继承他们母亲的遗产。

4. 如有几个法定继承人其中有放弃继承的，有由于死亡或其他原因而不能承受遗产的，他们的份额加添到承受遗产者的部分，如果承受遗产者死亡在先，加添部分[②]由其继承人取得。

第五篇　血亲继承

在自权继承人、大法官和宪令列为自权继承人的人和法定继承人（即宗亲及根据上述元老院决议和本皇帝宪令列为宗亲的人）

① 此间显然是指身份小减等而言。遭受身份大减等或中减等的人丧失公民权，从而丧失继承权。又十二表法规定的继承权是一种宗亲权利，遭受身份小减等的人，脱离原来宗亲关系，从而丧失继承权。在以后年代里，继承权完全建立在血亲基础上，自然不因身份小减等而消灭。

② 可能继承人中一人承受遗产在先，而其他继承人放弃继承在后，如他们放弃时，承受遗产者已死亡，加添部分由其继承人取得。

之后，大法官列入最近亲等的血亲[①]继承。

1. 这里所考虑的是自然血亲；因此遭受身份减等的宗亲及其卑亲属，依十二表法的规定，虽然不包括在法定继承人之内，但是大法官把他们列为第三顺序。被解除家长权的兄弟姐妹是例外，但不包括他们的卑亲属。因为安纳斯塔西法[②]规定，他们与具有完整权利的兄弟一起，对他们兄弟或姐妹的遗产，享有法定继承权。该法不给予他们相等部分，而是根据宪令作了些扣减；它并把他们列在一切较远亲等的宗亲之先，哪怕后者未遭受身份减等，同时它当然把它们列在一切血亲之先。

2. 大法官又使通过女性关系的旁系亲属列在第三顺序，以亲等接近资格而继承。

3. 收养者家中的子女，也同列在第三顺序以继承其生父生母的遗产。

4. 显然，生父不确定的子女，无宗亲可言；因为宗亲关系从父、血亲关系从母，而他们是视为没有父亲的。根据同样理由，他们相互间不可能存在父系血族关系，因为父系血族是宗族的一种，

① 十二表法只规定两种继承顺序：自权继承人和宗亲（无宗亲者，氏族）。随后大法官创设第三种顺序：血亲，即基于自然血统联系的亲属。但是大法官所创设的不是继承权，因为他们无权使依法无继承权的人成为继承人。他们所赋予的是遗产占有（详见以下第九篇），这是一种大法官法上的继承，但可以达到与市民法上继承相同的目的。盖尤斯写道："但是由于大法官赋予他们遗产占有，他们就被置于继承人的地位。"——《法学阶梯》，3. 32。

② Lex Anastasiana，公元 498 年公布，规定被解除家长权的兄弟姐妹保有宗亲权利，但仅取得未被解除家长权时所应得的半数。公元 534 年，即本《法学阶梯》公布翌年，查帝在肯定该法的同时，取消上述半数的削减，并使他们的子女（即一亲等血亲卑亲属）同样享有这种权利。

因此他们相互间的关系只能是血亲，是通过母亲的血亲。所以，大法官告示中关于血亲以亲等接近而取得遗产占有的部分规定，对他们一律适用。

5. 这里有必要指出，无论根据十二表法，或根据关于准许法定继承人取得遗产占有的大法官告示，如系宗亲，即使是十亲等的远亲也可以继承遗产。但是大法官所规定血亲依亲等接近取得遗产占有的，以不超过六亲等为限，如系七亲等，仅以隔房堂兄弟姐妹的子女为限，始准取得遗产占有。

第六篇　血亲亲等

这里有必要阐明血亲亲等的计算方法。关于这一问题，首先必须指出：血亲有时向上，有时向下，有时是横向亦即所谓向旁推算。向上为父母等尊亲属，向下为子女等卑亲属，向旁为兄弟姐妹及其所出，因而包括父系或母系的叔伯姨舅父母。血亲尊卑亲属从一亲等开始，旁系从二亲等开始。

1. 属于一亲等的，尊亲属为父母，卑亲属为子女。

2. 属于二亲等的，尊亲属为祖父母，卑亲属为孙子女，旁系为兄弟姐妹。

3. 属于三亲等的，尊亲属为曾祖父母，卑亲属为曾孙子女，旁系为兄弟姐妹的子女，因而还有叔伯父母等。叔伯是父亲的弟兄，希腊人称 πατρως，舅父是母亲的弟兄，希腊人称 μήτρως，叔伯舅父总称 θεῖοs。姑母是父亲的姐妹，姨母是母亲的姐妹，总称 θεία，也有人称她们为 τηθίs 的。

4. 属于四亲等的，尊亲属为高祖，卑亲属为玄孙，旁系为兄弟姐妹的孙子女，因而还有父亲的叔伯姑祖父母（即祖父的兄弟姐妹），母系的姨舅祖父母（即祖母的兄弟姐妹）和堂表兄弟、堂表姐妹（即兄弟姐妹之所出）。但是有人认为，严格说来，两姐妹之所出才能适当地称 consobrini，或作 consororini（姨表兄弟姐妹）；至于两兄弟之所出，其适当名称为 fratres patrueles〔堂兄弟〕（两兄弟所生的女儿称 sorores patrueles〔堂姐妹〕）。一个兄弟和一个姐妹之所出，其适当名称为 amitini〔姑表或舅表兄弟姐妹〕（你的 amita〔父系的姑母〕的子女称呼你为 consobrinus〔姑表〕，你称呼他们为 amitini〔舅表〕）。

5. 属于五亲等的，尊亲属为五世高祖，卑亲属为五世玄孙，旁系为兄弟姐妹的曾孙，因而还有曾祖父母的兄弟姐妹，此外还有堂表兄弟姐妹的子女和叔伯姑祖父母（姨舅祖父母）的子女。

6. 属于六亲等的，尊亲属为六世高祖，卑亲属为六世玄孙，旁系为兄弟姐妹的玄孙，因而还有高祖父母的兄弟姐妹，此外还有堂表侄及外甥（即堂表兄弟姐妹的子女，不问堂表兄弟姐妹是两个兄弟、两个姐妹或一个兄弟一个姐妹所出）。

7. 血亲亲等的计算方法，业已说得够明白了。根据上述例子，可以明白应该怎样进一步推算更远的亲等。总之每一代加一等。表明某人与另一人是哪一亲等的关系，比指出他本身在血亲关系上的称呼，要便利得多。

8. 宗亲亲等也以同样方法计算。

9. 但是使真理深深印入脑海，耳闻不如目睹；所以我们以为有必要在叙述计算亲等方法后，更提供图表一幅，以便青年学生可

以通过耳闻与目睹，获得关于亲等的完整知识。（表见 149 页）

10. 当然，关于依亲等接近而许其取得遗产占有的那部分大法官告示，不适用于奴隶的血亲关系，因为古代法从来不承认这种血亲。但是朕所制定的关于保护人权利（这种权利到现在为止是十分模糊不清，而且非常混乱的）的宪令，基于人道观点，规定如果男奴跟一妇女，不论自由人或奴隶，生有子女，或在相反情形，女奴跟一男子，不论自由人或奴隶，生有子女，而以后父母获得自由，女奴所生的子女也获得了自由；或者母亲原是自由人，而父亲在她成为奴隶后与她生有子女，随后均获得了自由，上述这些情形，子女一律可以继承他们父母的遗产，保护人权利限于这一部分，陷于休止状态。因为朕不仅仅使这些子女继承他们父母的遗产，而且还使他们相互继承；不论他们全体都在奴隶状态中出生而在以后获得释放，或者他们还有在其父母获得自由后成胎出生的子女在一起，也不论他们是同胞或同父异母、异父同母，总之，他们完全像在合法婚姻关系存续中出生的一样。

11. 总结以上所述，可见同一亲等血亲往往并不都同样地继承遗产，并且亲等较近的也未必总占优先。既然自权继承人以及列为自权继承人的人应占第一位，显然被继承人的曾孙或玄孙会先于被继承人的父母兄弟而继承，尽管如上所述，父母是一亲等，兄弟是二亲等，曾孙却是三亲等，而玄孙则是四亲等血亲。又卑亲属在被继承死亡时是否在被继承人的权力下，或由于他们被解除家长权，或由于是被解除家长权者的子女而不在其权力之下，都没有关系；他们是否属于母系的卑亲属，也没有关系。

12. 如无自权继承人，亦无列为自权继承人的人，具有完整宗

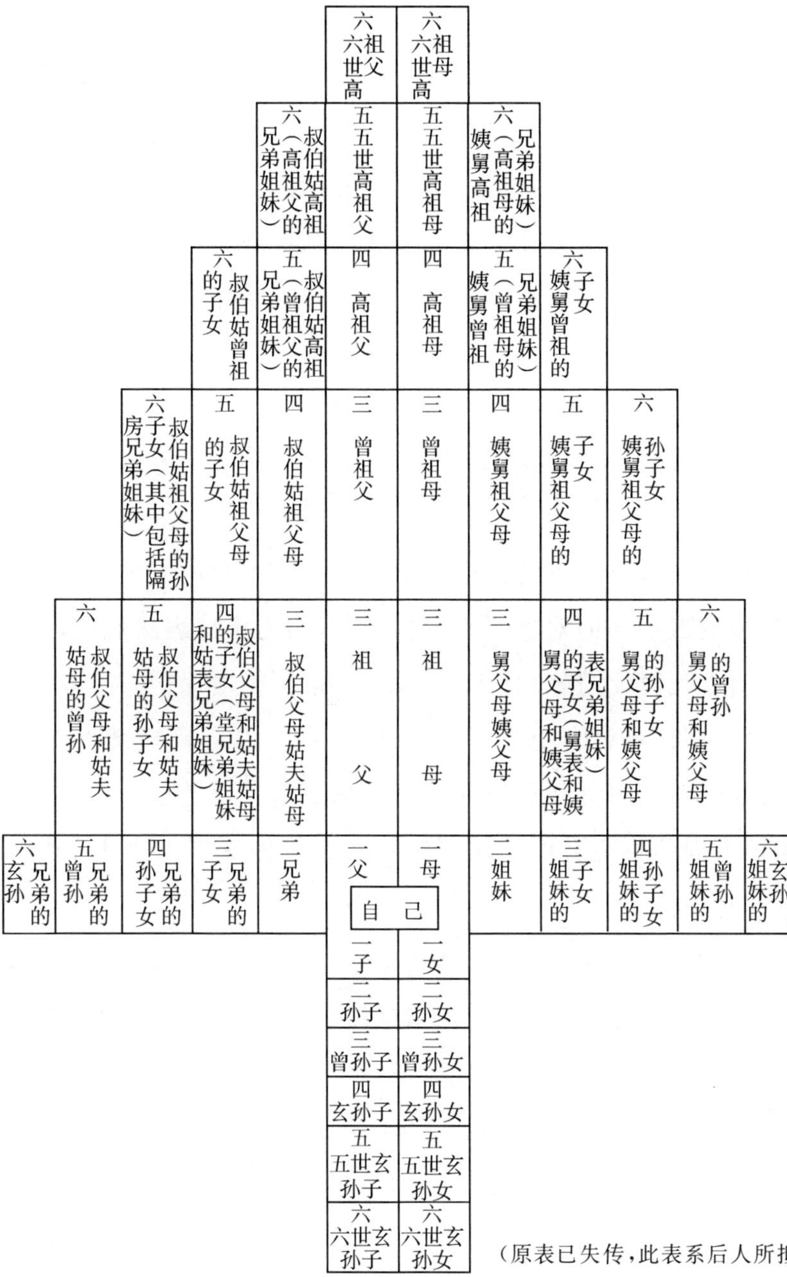

（原表已失传，此表系后人所拟）

亲权利的宗亲，哪怕是极远亲等，一般地较更近亲等的血亲为优先。因此，叔伯的孙子或曾孙比舅父或姨母优先。当我们说最近亲等血亲的顺序在先，或相同亲等的血亲共同继承时，当然应以无自权继承人，亦无列为自权继承人的人存在，同时亦无按照前述原则具有优先权的宗亲存在时为限。至于被解除家长权的兄弟姐妹则除外，纵然他们遭到身份减等，仍先于较远亲等的一切宗亲继承他们兄弟姐妹的遗产。

第七篇　被释自由人的遗产继承

现在谈被释自由人的遗产继承。过去被释自由人可以在遗嘱中漏列他的保护人而对遗嘱不发生影响，因为十二表法规定，仅在被释自由人死时无遗嘱，且无自权继承人时，始由保护人继承其遗产。因此，即使被释自由人死时无遗嘱，如其遗有自权继承人，保护人对他的财产将无任何权利可言。如所遗自权继承人是亲生子女，保护人固然不应有所抱怨；如系养子，则使保护人丧失一切权利，显然有失公平。

1. 因此，以后大法官告示就修正了这种不公平的法律。如果被释自由人立有遗嘱，他必须在遗嘱中订明以其财产半数遗给他的保护人。如未遗给保护人或所遗给者不足半数，保护人可以要求违背遗嘱内容取得半数的遗产占有。如被释自由人死时无遗嘱，而自权继承人系养子，保护人依然可以取得半数的遗产占有。但若遗有亲生子女，无论他们在被释自由人死亡时是在后者的权力之下，或者已被释放，或者已给人收养，保护人即被排除，但限于以下情况，即亲生子女被指定为继承人而继承任何一部分遗产，或被漏列而根据大法官告示要求违背遗嘱内容取得遗产占有。因为被废除继承人资格的子女，在任何情况下都不能排除保护人。

2. 随后，巴比法[①]扩大了富裕被释自由人的保护人的权利。它规定被释自由人的遗产价值达10万塞斯推尔捷乌斯[②]，而遗有子女少于三人时，不问他已立有遗嘱或死时无遗嘱，他的保护人对他的遗产享有均等的一份。因此，如这种被释自由人遗有一子或一女为其继承人，遗产半数应属于保护人，正如他死时留有遗嘱而未遗有子女一样。但如果他遗有两个继承人，不问儿子或女儿，保护人应得三分之一；有三个继承人时，保护人才被完全排除在外。

3. 但是本皇帝宪令——采取简要方式，并为便于大众了解起见，用希腊文写成——规定如下：被释自由人——不论男女——拥有的财产，所值不到100金币（这是根据伯比法所载金额折算，以每一金币等于1000塞斯推尔捷乌斯），如立有遗嘱，他的保护人对其遗产无任何权利。如其死时无遗嘱，亦未遗有子女，十二表法中规定的保护人权利全部维持。如其财产所值超过100金币，而遗有一个或几个卑亲属作为继承人或遗产占有人，不论性别和亲等，他或他们一律有权继承其家长的遗产，保护人及其子女都被排除在外。但若被释自由人死后未遗有子女，亦无遗嘱，男保护人或女保护人得继承其全部遗产。但如其留有遗嘱，但漏列男保护人或女保护人，同时他未遗有子女，或已取消子女的继承人资格，或是

① Lex Papia Poppaea。

② Sestertius，银质货币，公元前268年开始铸造。

母亲或外祖父把儿孙等漏列(但是这种遗嘱不得称为不合人情),那么根据本皇帝宪令,男保护人或女保护人得通过违背遗嘱内容的遗产占有,取得三分之一遗产,而不像过去那样取得一半;如被释自由人以少于三分之一的财产遗给他们,则取得补足之数。这部分遗产,无任何负担,被释自由人对其子女所为的遗赠或信托遗给,都不从这部分中提供,而完全由保护人的共同继承人负担。朕又在上述宪令中综合了为确定这一部分法律所必要的若干其他裁决。从宪令中可以看出,不但男女保护人及其子女,而且他们的旁系亲属直到五亲等为止,都可以继承被释自由人的遗产。如果一个、两个或几个男女保护人有几个子女,以其亲等最近者继承被释自由人的遗产;遗产是按人而不是按系分割。这同样适用于旁系,因为朕把关于生来自由人和被释自由人的遗产继承法,规定得几乎完全相同。

4. 以上所述,现在适用于取得了罗马公民权的一切被释自由人,因为现在除此以外已无他种被释自由人了,现在已不再有降服者或拉丁人了。[①] 拉丁人从来不享有任何法定继承权,纵然他们在生时是自由的,一旦断气,就立即丧失生命和自由;而他们的财产,根据朱尼·诺尔邦法[②],正如奴隶的财产一样,作为特有财产而由释放者取得。随后,拉尔基安元老院决议[③]规定释放者的子女,如未被指名取消其继承人资格,在继承拉丁人财产方面,应较释放者所指定的家外继承人为优先。后来,图拉真帝的诏令规定,

① 见本《法学阶梯》,1.5.3。

② Lex Junia Norbana。

③ Senatusconsultum Largianum,公元 42 年元老院通过。

奴隶在未得主人同意或主人不知情情况下，因皇帝恩赐而取得罗马公民权的，在他在世时被视为罗马公民，死时视为拉丁人。鉴于上述种种情状的变化及其所发生的困难，朕制定宪令，永远废止朱尼·诺尔邦法、拉尔基安元老院决议和图拉真帝的诏令，因而一切被释自由人都成为罗马公民；朕还作出一些补充规定，使原来给予拉丁人身份的方式，使成为取得罗马公民的方式。

第八篇　被释自由人的指定分配

最后，关于被释自由人的财产，必须指出，元老院已通过决议，规定被释自由人的财产虽然属于其保护人的列在同一亲等的子女共同所有，但家长得把被释自由人本人指定分配给子女中任何一人。因此，在他死亡后，被分配到被释自由人的子女，视为单独的保护人。至于在无任何指定分配行为时可同样对被释自由人的财产享有权利的其他子女，则完全被排除；但若指定分配的子女死后未遗有任何卑亲属，其他子女就恢复原来的权利。

1. 被释自由人，不问男性或女性，均得被指定分配给儿子或孙子，也可被指定分配给女儿或孙女。

2. 有两个或两个以上子女在其权力下的人，有指定分配的权力，把被释自由人不论男女指定分配给这些在其权力下的子女。[1]由此产生一个问题：如受分配的子女，以后被解除家长权，指定分

---

[1] 因此他可以指定分配给两个或两个以上子女共有，而把其他子女排除在外；又他只能对在其权力下的子女指定分配，已被解除家长权的子女对被释奴隶的遗产无继承权，故不得对他们作出指定分配。

配是否随之失效？答案是肯定的。这也是犹里安和其他人的意见。

3. 指定分配可用遗嘱或不用遗嘱方式，均无不可，保护人可以使用任何词句，在克劳提帝年间当卢福和斯加普拉担任执政官时期所通过的元老院决议中就是这样规定的。

第九篇　遗产占有

遗产占有制度是大法官所实施的，目的在于修正古法。大法官的这种修正，不仅涉及无遗嘱的遗产，有如上述，而且涉及在订立遗嘱后死亡的人的遗产。如果死后出生的家外人被指定为继承人，虽然根据市民法，被指定者不得承受遗产，因为其指定行为无效；但是根据大法官法，他可以得到大法官的支持而取得遗产占有。[①] 但是现在依据本皇帝宪令，他得被合法指定为继承人，如同并未被市民法所不承认一样。

1. 有时大法官赋予遗产占有，目的不是为了修正或推翻古法，而是为了加以肯定，因为他对于在合法遗嘱中被指定的继承人，也赋予依照遗嘱内容的遗产占有。同时在无遗嘱的情形下，他使自权继承人和宗亲取得遗产占有；而即使大法官不给予遗产占

① Bonorum possessio 就其广义而言，指大法官法上的继承制度。最初，大法官为了保证法律的贯彻执行，遇有争讼时，使合法继承人取得遗产占有，或维持他对遗产的占有。随后他本于公平合理原则，以遗产占有赋予被继承人的其他亲属，而这些人根据市民法是无继承权的。因此，大法官在执行市民法的同时，显然补充和修正了市民法。这就逐渐形成大法官法上的继承制度，与市民法上的继承制度有别。

有，根据市民法，遗产依然属于他们所有。

2. 但是只是由大法官的规定而参加遗产继承的人，并不因而成为在法律上的继承人，因为大法官不能使任何人成为继承人。唯有通过法律或类似的立法文件，例如元老院决议和皇帝宪令，才能成为继承人。但是经大法官给予遗产占有的人，他们处于继承人的地位，称为遗产占有人。此外，大法官在给予遗产占有时又分成若干等级，目的在于避免死后无人继承。因此，十二表法中关于遗产继承的极其狭隘的规定，业经大法官基于公平合理的原则，予以扩展。

3. 有遗嘱的遗产占有如下：首先，对在遗嘱中被漏列的子女所给予的遗产占有，称违背遗嘱内容的遗产占有；其次，大法官对所有被合法指定的继承人所给予的遗产占有，称依照遗嘱内容的遗产占有。[①] 规定了有遗嘱的情况之后，大法官进而规定未留遗嘱的情况。他以遗产占有给予：第一，自权继承人和根据大法官告示被列为自权继承人的人，这种遗产占有称“给予子女”的占有[②]；第二，法定继承人；第三，十种人，大法官把他们列在作为家外人的保护人之先，这些人是父母、祖父母（包括外祖父母在内）、子女、孙子女（包括外孙在内）、兄弟姐妹（同父异母和同母异父的都包括在内）；第四，最近亲等血亲；第五，保护人家庭的最近成员；第六，男保护人和女保护人及其尊卑亲属；第七，配偶；第八，释放者的血

① 当遗嘱漏列子女或漏列保护人（见本《法学阶梯》，3.7.2）时，大法官给予违背遗嘱内容的遗产占有。至于依照遗嘱内容的遗产占有，不但在有合法订立的遗嘱的情况下给予，而且当市民法否认遗嘱有效时亦给予（见本《法学阶梯》，2.17.6）。

② 即“大法官告示中传唤子女继承的那部分”的简称。

亲。

4. 以上是大法官根据其权威所实施的遗产占有。朕从未忽视任何一点而致力于对一切加以修正，因此，在制定宪令时认为违背和依照遗嘱内容的遗产占有均属必不可少，应该保持下来；此外在无遗嘱的情况下，给予子女和法定继承人的遗产占有，也应保持下来。

5. 至于在大法官告示中位列第五的[①]，即对十种人所给予的遗产占有，朕出于真诚的意愿，简要地指出这是多余的。因为这种遗产占有是把十种人列在作为家外人的保护人之先；但是根据朕关于解除对子女家长权的宪令，家长本人是实行解除家长权者，而且视为在成立信用契约下解除的。因此，这种特权必然属于他们所行使的家长权的解除之中，而给予十种人的遗产占有便成为多余的。因此朕把上述第五位的遗产占有取消，将原来的第六位升格为第五位，现在居第五位的是大法官赋予最近亲等血亲的遗产占有。

6. 原来位列第七的给予保护人家庭成员的占有，以及位列第八的给予男女保护人及其尊卑亲属的遗产占有，业经朕所制定的关于保护人权利的宪令予以废止。朕在对被释自由人的遗产继承比照生来自由人的遗产继承予以规定，只是对前者限制在五亲等内，使两者之间留有一些差别时认为违背遗嘱内容的遗产占有以及给予法定继承人和给予血亲的遗产占有已足以使提出权利主张的人达到其目的，上列原来两种遗产占有连同它们的精细区别所

① 因为加上了在有遗嘱情况下的两种遗产占有，故变成第五位。

造成的困难，应一律取消。

7. 其他一种，即古人列为第九的给予配偶的遗产占有，完全保持下来，并被提升列为第六位。原来位列第十的给予保护人血亲的遗产占有，由于上述原因，已被恰当地取消了，因此现在有效的只有六种正常的遗产占有。①

8. 此外，又加上第七种遗产占有，这是大法官基于非常充分的理由规定的。因为告示最后载明，凡经法律、元老院决议或宪令明白规定给予遗产占有的人，准其取得这种遗产占有。大法官并没有把它固定地列为在无遗嘱或立有遗嘱情况下的遗产占有，而是根据具体情况不论被继承人是否立有遗嘱，给予这种遗产占有，作为那些根据由法律、元老院决议或皇帝宪令而成为继承遗产的人的最后的非常手段。

9. 大法官既然规定了好几种遗产继承，并把它们列成顺序，而且每一顺序中可能存在着不同亲等的几个人，因此一方面，为了使债权人不致迟迟无法行使其诉权，这就是说，使他有可对之起诉的当事人，另一方面，为了不使债权人轻易地取得被继承人的财产，并专考虑自己的利益，大法官规定了申请遗产占有的一定期限：对于尊亲属和子女，不论亲生的或收养的，其期限为一年，对于其他人为一百天。

10. 如在规定期限内不申请遗产占有，其遗产占有转到同一等级的其他人身上；如在同一等级中并无他人，根据大法官关于继

---

① 由于查帝修正的结果，专适用于被释自由人遗产继承（在无遗嘱情况下）的四种遗产占有，一律废止。剩下的仅只适用于生来自由人遗产继承的四种遗产占有，这些也同样适用于被释自由人的遗产继承。两种继承制度基本上统一起来了。

承的告示，遗产占有给予次一等级的人，仿佛前一等级并不存在。但如有拒不承受所给予的遗产占有的，其他人毋庸等待申请遗产占有的规定期限届满，即可根据同一告示立即要求取得遗产占有。

11. 计算申请遗产占有的期限时，以每一可利用日为一日。

12. 历代皇帝就这一点作出了明智的规定，即任何人不必要提出正式申请，以便取得遗产占有，因为如果他表示承受的意思，不论采用任何方式，只要未超过规定期限，他就享有遗产占有的全部利益。①

第十篇 通过自权者收养的财产取得

此外还有一种概括继承，在十二表法和大法官告示中都无规定，而是根据普遍同意的法则实施的。

① 本《法学阶梯》公布于公元 533 年，此后，544 年和 548 年，查帝公布了新宪令，取消法规中一切市民法上残迹。反映在十二表法中的旧时家庭组织完全消失，而由建立在血统关系上的自然家庭组织取而代之，这是随着奴隶制度瓦解必然发生的结果。查帝在新宪令中把所有这些市民法、大法官法和皇帝宪令等要素融合为单一体系。它建立在个人所有权的基础上，遗产继承以被继承人的意思为主，无遗嘱时开始法定继承。宗亲关系既经消失，于是遗产由血亲（分为四等）和配偶继承，这也是从推定被继承人的意思而来。又宪令规定某些最近亲等血亲享有特留分，可见遗嘱自由也非无一定限制。

罗马法中的无遗嘱继承制度是非常复杂的。归纳以上所述，可以分为三个阶段。最初，根据十二表法，无遗嘱的遗产继承权限于建立在宗亲关系上的家庭成员。随后，大法官逐渐敞开继承之门，使更多的亲属事实上享有遗产继承权。最后，帝国时代，历代皇帝进一步消除人为的宗亲关系；到了查帝年间，无遗嘱继承制度乃完全建立在自然血亲关系之上。兹参照雷丁（M. Radin）著《罗马法》（1927 年英文版，第 455 页以下）列成图表，并加说明。

一、十二表法的继承顺序是：（接下页）

1. 过去，如家长委身而受他人自权者收养，他的一切财物，不论有形体的和无形体的，以及一切债权，一律由养父取得，并属于他所有；但随身份减等而消灭的例外，例如给付劳务的债务和宗亲

(接上页)(1) 自权继承人，即在家长死亡时成为自权者的人。假定被继承人 A 有卑亲属多人如下：

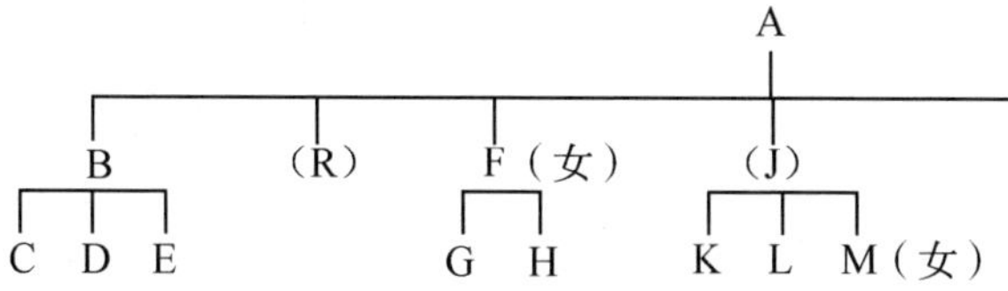

更假定 J 和 R 先于 A 死亡，O 已给人收养，N 是 A 的养子。在 A 未死亡时，B、C、D、E、K、L、M、N、P 和 Q 都处于他的权力下。O 已被人收养，此外 G 和 H 也不处于他的权力下。F 可能不处于他的权力下(如果她通过改宗婚姻而属于她丈夫之家的话)。A 死亡时，仅 B、K、L、N 成为自权者，C、D、E 改处于 B 的权力下；G 和 H 则从未在 A 的权力下；O 在他生前已不处于他的权力下；P 和 Q 则改处于 N 的权力下。M 是女的，应为之设置保佐人，但她仍不失为自权者。因此遗产由 B、K、L、M 和 N 继承，但非按人平均分配而是按系分配。K、L 和 M 取代他们的亡父而只取得其亡父的份额，即三分之一(再三分而各取得九分之一)；B 和 N 也各取得三分之一。由此可见，血亲关系起着次要作用。G 和 H 虽然是 A 的外孙，O 是他的亲生子，但都不是继承人，至于 N 由于收养关系而与亲生子一视同仁。如 F 由于非改宗婚姻而不属于其夫之家，她将与其弟兄平分，但她的子女并非继承人。

(2) 宗亲，如无自权继承人，遗产由最近宗亲继承。哪些是宗亲呢？简言之，如果他们的祖先还活着，凡处于他的权力下的都是宗亲。列表如下：

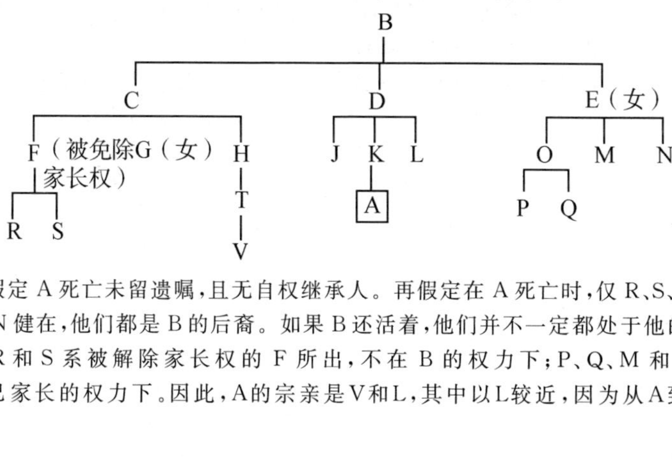

兹假定 A 死亡未留遗嘱，且无自权继承人。再假定在 A 死亡时，仅 R、S、V、L、P、Q、M 和 N 健在，他们都是 B 的后裔。如果 B 还活着，他们并不一定都处于他的权力下。例如 R 和 S 系被解除家长权的 F 所出，不在 B 的权力下；P、Q、M 和 N 都在他们自己家长的权力下。因此，A 的宗亲是 V 和 L，其中以 L 较近，因为从 A 到 V(接下页)

权利。过去，使用权和用益权亦列为例外，但本皇帝宪令规定它们不因身份小减等而消灭。

2. 但是现在，通过自权者收养所取得的被限定在与生父所能取得的相同的范围之内。不论生父或养父，对于家子从家外来源所取得的东西，仅享有用益权，所有权仍由儿子保留。养子在收养者家中死亡时，财产移转于养父，但死后遗有其他人，而且根据本

(接上页)是七亲等，从 A 到 L 是四亲等。自从伏考尼法通过以来，女性宗亲中仅以 A 的姐妹为限始有继承权。又通过法律解释而产生新的一类宗亲。被释奴隶以其保护人和保护人的宗亲卑亲属为宗亲。在这一点上，被解除家长权的儿子与被释奴隶同论。如果 L 放弃继承，V 不得替补，由第三类即氏族继承。

(3) 氏族，即与被继承人属于同一氏族的那些人。

二、大法官补正并修改了十二表法的继承制度，而把取得继承人地位的遗产占有人分为四类：

(1) 子女，按系分配，被解除家长权的以及给人收养而在被继承人死亡前被其养父解除家长权的也包括在内。

(2) 法定继承人，无子女时，大法官规定法定继承人继承，这些人主要是宗亲，包括保护人及其卑亲属在内。如最近宗亲放弃继承，由下一顺序即血亲继承。

(3) 血亲，这完全是大法官所新创的，凡与被继承人有血统关系的人都包括在内。在这一顺序中存在着先后替补的制度，即如最近亲等血亲放弃继承的，其缺由次一亲等血亲替补。

(4) 配偶，如无血亲，由配偶继承。

三、关于帝国立法者，在哈德里安帝年间，特图里安元老院决议把母亲从大法官所创制度中血亲一类内取出，而安置在子女与法定继承人之间。子女、全血缘弟兄和保护人排除母亲，后者与全血缘姐妹共同继承，但排除所有其他宗亲。奥尔斐特元老院决议又作了进一步修改，子女继承母亲，并排除母亲的宗亲。以后历代皇帝又继续作了修改；在查帝编纂法典时，孙子女被包括在特图里安元老院决议之内；在宗亲中间也存在依次先后替补的制度；被释奴隶的子女排除保护人。此后，在公元 543 年和 548 年，查帝颁布了新宪令(见上)，废除旧时宗亲关系，而重新建立继承制度如下：

(1) 卑亲属，按系分配；

(2) 尊亲属以及全血缘的兄弟姐妹；

(3) 半血缘兄弟姐妹；

(4) 如无上列三个顺序的继承人时，由最近亲等血亲继承；

(5) 配偶。

皇帝宪令，就某些不可能为家长取得之物，较家长优先继承者，不在此限。

3. 反之，在自权者收养中，养父依法不受养子所负债务的拘束，但他得以其儿子的名义被诉。如他拒绝为其儿子承担债务，债权人经主管行政长官批准，得依法扣押并出卖那些财产，这些财产，包括用益权在内，如果债务人不处于他人权力下应该属于他所有。

第十一篇　为了维护自由而对之判给遗产的人

玛尔库帝宪令增加了一种新的遗产继承。经主人在遗嘱中载明予以释放的奴隶，如因无人根据遗嘱承受遗产，而申请将遗产判给他们，以便实施释放条款，其申请应予照准。玛尔库帝对波庇里・卢福[①]的批复，就是这样规定的。

1. 批复措辞如下："如果维琪尼・伐仑斯在遗嘱中载明给予某些奴隶自由，死后未遗有任何在无遗嘱情况下的继承人，因而他的遗产应被出卖，有权受理这种事件的长官，应考虑你为了维护那些人的自由，无论是直接给予的或通过信托遗给的，而要求把遗产判给你所有的申请，以你应向债权人提供担保清偿每一个人的全部债务为条件。被直接给予自由的人们，将获得自由，完全如同遗产被承受一样；而那些被指定应由继承人释放的人们，只从你处获

① Popilius Rufus，是被奴隶主在遗嘱中载明释放的奴隶。

得自由，除非你在要求把遗产判给你时，附加这样的条件，即直接从遗嘱获得自由的人，也成为你所释放的自由人，因为如果能获得自由的那些人予以同意，你的意愿将获得批准。为了在这一批复中规定的利益，不因另一事由即国库扣押遗产而消失，应让国库管理人知道，给予自由较财产上利益尤为重要。因此执行扣押就应该能达到维护人们自由的目的，这些人倘若有人根据遗嘱而承受遗产，本是能获得自由的。”

2. 这一批复既有利于授予自由的行为，又有利于已死的遗嘱人，因为他的遗产可以免被债权人扣押和出卖。当然，既然遗产已被判给以维护自由，它便不能被债权人出卖；因为现在已有人替死亡者承担，而且很有效地替他承担债务，他向债权人提供了清偿全部债务的保证。

3. 以遗嘱给予自由时，这一批复总是可以适用的。但若某一主人死时无遗嘱，仅在遗命书启中载明给予他的奴隶自由，而且在未留遗嘱情形下无任何人承受遗产，在这种情况下，应如何办理？宪令的规定仍应推广适用于上述情况。当然，如果死亡者留有遗嘱，以遗命书启给予自由便是有效的。

4. 依照宪令的明文规定，只是在死时无遗嘱，而且无任何继承人时才能适用。因此，如果未能确定是否有继承人存在，便将无从适用宪令。能肯定无任何继承人存在时，宪令才能生效。

5. 如果有权回复原状的人，拒不承受遗产，而且他始终有回复原状的可能，是否仍可适用宪令呢？这里，可以把遗产判给申请人。但为了维护自由而判给遗产之后，继承人回复了原状，应如何办理？答案是：一经给予自由，自由即不得撤销。[①]

6. 这一宪令的目的在于维护授予自由的行为，因此，如未给予自由，就无从适用宪令。如主人生前以自由赠与奴隶，或为死因赠与，奴隶为了不致发生债权人是否因而受到欺诈的任何问题，于是申请判给遗产，其申请可否允许呢？朕以为纵使宪令无明文规定，一般说来仍可允许。

7. 鉴于这一宪令缺陷很多，朕已制定公布了极为完备的一项宪令，载有许多规定，使这种继承的法规得以补充完备。阅读宪令正文，便很容易了解。

第十二篇　废止有关出卖财产的财产承受和根据克劳第元老院决议的概括取得

过去，还有在上述各种遗产继承以前的其他几种概括的财产承受，例如出卖财产，这是为了有关出卖债务人的财产而规定的无数手续。这在采用正常程序时期一直是通行的。但是以后，由于采用了非正常程序，出卖财产随同正常程序一起消失。现在债权人只能根据审判员的命令占有债务人的财产，按他们自己认为适当的方法加以处理。这个问题详见《学说汇纂》。

1. 根据克劳第元老院决议，还有一种极恶劣的概括取得方

① 此段指在无遗嘱情况下的继承人，而且是有权回复原状的不满 25 岁的未成年人。由于不存在遗嘱上的继承人，因而遗嘱连同所载给予自由事项在内无效。如果他承受遗产，自无给予自由的义务。但若他拒不承受遗产，而经判给遗产后奴隶获得了自由，纵然以后该未成年人主张回复原状，并要求继承遗产，已给予的自由不被撤销。

式。如一自由女性热恋一个奴隶，根据这一元老院决议，她既丧失自由，又连带丧失财产。朕认为这不合于我们的时代，因此已在我们帝国中废止，而且不准将其辑入《学说汇纂》中。

第十三篇　债务

现在谈债务。[①] 债是法律关系，基于这种关系，我们受到约束而必须依照我们国家的法律给付某物的义务。[②]

1. 一切债务得大致为两类，即市民法上的和大法官法上的债务。[③] 市民法上的债务是经法律规定的，或至少是经市民法承认

① 债的古典理论是长时期历史发展的结果。"债"(obligatio)一词不见于罗马古代法中，十二表法只知有 nexum(实际上是金钱借贷)。这是平民向贵族告借而成立的铜衡行为。债务人以自己身体作担保，如不清偿债务，他将被绑(nexus)而陷于奴役状态。铜衡行为不但要求举行仪式，而且要求表达达到一定目的所需的要式词句；因此同一铜衡行为可以用来移转物的所有权(称要式移转)，也可以用来成立 nexum。这说明在最初的时候，人们非常注重形式。随后铜衡仪式被虚拟而不再举行，但应表述的词句仍然保存下来，因此产生口头债务。等到书写流传之后，又根据书写而假定铜衡仪式和口头表述都已完成，这就产生书面债务。最后，市民法在万民法的影响下，承认诺成契约，既适用于公民间，也适用于外国人之间。这才免去一切形式，而以当事人双方的同意为债发生的根据。渊源于万民法的诺成契约，与纯粹市民法上的契约(要物契约尤其是消费借贷，要式口约和书面契约)不同。后者是单务契约，即仅当事人一方负担债务，而且债务的效力，严格依市民法的规定；前者是双务契约，即当事人双方互负债务，而且债务是根据公平原则而发生效力的。

② 债的标的最后归结为债务人应提供的物，但是它的直接标的不是物本身，而是给予、作为或不作为等。给予(dare)指移转所有权，作为(facere)包括不作为在内，给付(praestare)指提交一物，供人使用，如租赁；有时泛指债务的履行而言。

③ 最初，只有按照市民法所规定的形式和在它所规定的情况下发生有效的债务，非常严格。随后，大法官为适应剥削阶级的需要，承认他种债务，并赋予实效，称大法官法上或长官法上的债务，以补市民法上债务之不足。

的，大法官法上的债务是大法官根据其职权所创设的，亦称长官法上的债务。

2. 债务得再分为四种，即契约[①]的债、准契约的债、不法行为的债和准不法行为的债。首先论述契约的债，得更细分为四种，根据它以要物、口头、书面或诺成的方式缔结而分，分述如次。

第十四篇　以要物方式缔结债务的各种方式

以要物方式缔结的债务，可举消费借贷为例。消费借贷的债务总是适用于可以称量计数的物，例如酒、油、小麦、钱币、铜、银、金等，以计量计算的这些东西我们给予受领人，成为受领人所有。归还给我们的，不是原物，而是同一性质、同一质量的物。Mutuum（消费借贷）一字即由此而来，意即我所给予你的，已由我移转于你而现在成为你的了。从这种契约所产生的诉权称请求返还之诉。[②]

1. 如领受他人出于错误所作的并无给付义务的给付，则以要

① 契约（contractus）是由于双方意思一致而产生相互间法律关系的一种约定。不是所有约定都产生法律关系，而仅以法律所规定者为限，例如（a）口头契约；（b）书面契约；（c）要物契约，包括消费借贷，使用借贷，寄托和质押；（d）诺成契约，包括买卖，租赁，合伙和委任。此外的约定称 pactum 或 convenio，这些约定照例不产生诉权，而仅得作为抗辩的根据。但如一方按约履行，大法官也会强制他方履行，这叫做“无名契约”，不外下列四种：我给你某物，为要使你给我某物；我给你某物，为要使你对我做某事；我对你做某事，为要使你给我某物；我对你做某事，为要使你对我做某事。基于这些无名契约产生特定词句诉权。

② Condictio，见以上第 56 页，注②。

物方式负债；原告得对他提起请求返还之诉，请求返还某物。因为对他可以提起“如果看来他应给予”[1]公式的请求返还之诉，犹如他受到消费借贷一样。因此，如果不得监护人的核准，而且出于错误而向受监护人为给付的，不得对后者提起不应给付而给付所产生的请求返还之诉[2]，这同他受到消费借贷而不能对他享有这种诉权一样。这种债务看来不是根据契约发生的，因为他既以清偿的意思为给付，其本意是要消灭债务而不是缔结契约。

2. 同样，如以某物给予他人使用，也就是说，把某物以使用借贷名义给予他人，该他人以要物方式负债，可对该他人提起使用借贷之诉。但他和受领消费借贷者之间，存在着巨大差别，因为给予他的物并不成为他的所有物，因此之故，他应返还原物。消费借贷者，如因偶然事故，例如火灾、房屋倒塌、船舶遇难、盗贼、敌人的袭击，而丧失其所受领的物，仍然受债务的拘束。至于使用借贷者，当然应以极大注意保管其物；如果仅仅以他惯常对自己所有的物所尽的注意加以保管而其他更小心的人能更妥为保管的话，那就仍有未足。但是他对于因不可抗力或非常事故发生的损害，则不负责任，除非事故是由于他的过错所造成的。可是，假若你在旅行中随身携带借用物，遇盗贼敌人袭击，或因船舶遭难而丧失时，毫无疑问，仍应负返还之责。[3] 所谓使用借贷是指不给予或不商定

① 请求返还之诉的公式中关于请求标的部分所用的刻板字句。

② Condictio indebiti，以请求返还其不应为的给付为标的的诉权。受监护人不得监护人的核准，不可能负担任何义务；因此，实未负债而误向他为清偿的，在不得监护人核准的情形下，他不负返还义务（见本《法学阶梯》，1.21.首段）。

③ 因为不应随身携带。

报酬而使用他人给予的物，否则，如果给予报酬，那就是物的租赁；使用借贷应该是无偿的。

3. 受物的寄托的人，亦以要物方式负债，可对他提起寄托之诉，因为他应返还其所受领的原物。但他仅就其欺诈行为，而不就其过错如疏忽大意负责。因此，寄托物未经妥慎保管而被窃，受寄人不负责任，因为把物交由疏忽的友人保管而发生了损失，应归咎于寄托人本身的粗心大意。

4. 接受质物的债权人亦以要物方式负债，因为可对他提起质物之诉，他有义务返还其所受领的质物。但质物是为了双方的利益，一方面使债务人更容易获得借款，另一方面使债权人更有保证获得清偿，所以规定债权人以最大注意保管质物就够了。如已尽了注意，但由于偶然事故，致使质物灭失的，债权人不负责任，并且不妨碍他行使债权。

第十五篇 口头债务

口头债务的缔结采用问答方式，指明某人应向我们给予某物或做出某事。它产生两种诉权：如果口约是确定的，则产生请求返还之诉；如果口约是不确定的，则产生要式口约之诉。要式口约之名来自 stipulum 一词，此词在古时指“固定”而言，大致源出于 stipes(躯干)一词。

1. 过去在成立这种口约时所用词句如下：“你承担吗？——我承担。你承诺吗？——我承诺。你是出于真诚而承诺的吗？——我是出于真诚而承诺的。你保证吗？——我保证。你将给我吗？——我将给你。你将做吗？——我将做。”至于问答所使用的是拉丁文、希腊文或任何其他语文，并无出入，只要当事人双方能相互了解就行。此外也不需要双方使用同一种语文，只要所答与所问相合即可。因此，两个希腊人很可以使用拉丁文成立口约。过去，人们必须使用那些要式词句，随后列奥帝制定宪令①，废止词句的严格形式，规定只要当事人双方互相了解而且有相同的意思即可，不问用以表达的是哪些词句。

2. 要式口约可以是单纯的，也可以附有期日或条件。单纯的要式口约如下：“你承诺给我五个金币吗？”在这种情况下，可以立刻请求你给付。至于附期日的，指在问答时附加支付日期，例如“你承诺在三月一日给我十个金币吗？”附期日的问答，一经成立，立即发生债的关系，但在期日未到之前，不得请求给付，而且即使在到期的那一天，也不得提出请求，因为这一整天应留给债务人设法支付；在这一天未过去前，不能断定在承诺给付的那一天未作出给付。

3. 如你进行这样的问话：“你承诺在我活着的时候每年给我十个金币吗？”这一债务应认为是单纯的，永久性的，因为债务的到期不能限制在一定期间。但若继承人提出请求时，他的请求将因对方提出基于既成约定的抗辩而遭驳回。

4. 附条件的要式口约，指债务等到发生或不发生某一不确定事件时，始生效力；例如，“如果铁提成为执政官，你承诺给我五个

① Leo I，列奥一世，东罗马帝国皇帝，在位年代公元457—474年，这一宪令公布于472年。

金币吗？”又如进行这样的问话：“如果我不上朱庇特神殿，你承诺给我五个金币吗？”这与问答指明在他死时给他是完全一样的。基于附条件的要式口约，只产生对债的一种期望，如在我们死时条件尚未成就，我们得将此期望转给我们的继承人。

5. 人们往往在要式口约中附加地点，例如，“你承诺在迦太基给我吗？”这种要式口约看来虽然是单纯的，但是必然包括某种迟延，以便承诺者得以在迦太基给付。因此，如果在罗马进行问答：“你承诺今天在迦太基给我吗？”这种口约根本无效，因为所承诺的事是不可能实现的。

6. 附加的条件涉及过去或现在的，或使债务自始无效，或者根本不发生推迟债务的作用。例如，“如果铁提已经是执政官，或梅维现在活着，你承诺给我吗？”因为如果这些事不是事实，要式口约无效，如果是事实，它马上有效，因为按其本身已是确定的事物，纵然我们并不确知，并不使债务迟延生效。

7. 不但对物而且对事也可以成立要式口约，如就做或不做某事成立要式口约。在这种要式口约中，最好附加罚则，以免要式口约中涉及的数量不能确定，因而原告对于自己的利益范围，负有举证的义务。因此在进行问答要某人做某事时，应附加罚则如下：“如不做某事，你承诺给我十个金币作为罚金吗？”如在同一次问答中，指明应做某些事，不应做某些其他事，就应该加上以下这类的话：“如违反约定做某事或不做约定所应做的某事，你承诺给我十个金币作为罚金吗？”

第十六篇　几个口约者和几个承诺者

两个或两个以上的人得在口约或承诺中成为共同的一方。在进行问答中，承诺者在全体发问之后答说："我承担"，例如，他在两个人分别提问后回答说："我承诺给予你们每个人……"。否则，如果他先答复铁提，然后在另一个人发问后，又作一次答复，此时就有两个独立的债务，而不应认为是两个共同口约者。两个或两个以上的共同承诺者的情况如下，例如，在铁提提问："梅维，你承诺给我五个金币吗？塞伊，你承诺给我五个金币吗？"之后，他们每个人分别回答说："我承诺给你。"

1. 根据这种债务，每个口约者有受领全部清偿的权利，每个承诺者负有为全部清偿的义务。但每一债务所涉及的只是同一物，因此，其中一人受领或其中一人清偿，就使债务对全体债权人来说归于消灭，并使全体债务人不再受其拘束。

2. 两个共同承诺者中，一人可承担不附条件的债务，另一人可承担附有期日或条件的债务；所附期日或条件，并不妨碍向承担单纯债务的人请求清偿。

第十七篇　奴隶的要式口约

奴隶基于他主人的人格有权缔结要式口约。由于遗产往往代表被继承人的人格，所以在承受遗产前，属于遗产中的奴隶所缔结的要式口约，其利益归属于遗产，亦即归属于后来承受遗产的继承人。

1. 奴隶无论为他的主人，或为他自己，或为他的同伴奴隶，或为不指名的人缔结要式口约，其利益一律归属于他的主人。以上所述，同样适用于在家长权力下的子女为他们父亲的利益取得的各种情况。

2. 如要式口约以许可做某事为内容，其全部利益属于口约者本人，例如，如奴隶在要式口约中指明，他方应准其驾车或驱牲畜通行，则仅仅他自己而不是他的主人才可以不受禁阻地通行。

3. 共有奴隶在成立要式口约时所得的利益，按各主人对他所享有部分的比例分别归于各主人，但他如奉其中一个主人之命或以一个主人的名义所作的口约，则不在此限；有此情况下，他仅仅为这一主人的利益取得。共有奴隶口约所涉及的物，不可能为另一主人的利益取得时，例如，他口约指明应给予的物是属于主人之一所有，则通过口约所取得的应归于他的主人之一。

第十八篇　要式口约的分类

要式口约分为审判员的、大法官的、合意的和共同的——既是审判员又是大法官的要式口约。

1. 审判员的要式口约完全根据审判员的职权而产生，例如，提供不进行欺诈的担保[①]，承诺追捕在逃奴隶或偿付奴隶身价等。

---

① 一方请求返还属于他的奴隶，对方也把奴隶还给他了，照例审判员应把对方开释，对方也不再负担任何义务。但可能在实行返还之前，对方为了报复或出于恶意而使奴隶吞食毒物，如无条件将其开释，有失公允。审判员应依职权命其提供担保，保证并无任何欺诈或恶意行为。

2. 大法官的要式口约完全根据大法官的职权而产生，例如关于防止损害的担保①或遗赠担保②的要式口约。大法官的要式口约包括市政官③的要式口约在内，因为这种口约同样是根据司法官的职权而来的。

3. 合意的要式口约指根据当事人双方的合意而缔结的口约，即既非出自审判员也非出自大法官的命令，而是根据缔约人的同意。可以说，有多少种能作为缔约的物，就有多少种合意的要式口约。

4. 共同的要式口约，例如旨在保全受监护人的利益的口约④，有时根据大法官命令缔结，有时在没有其他办法时由审判员命令给予受监护人担保，以保护其财产。关于某事须经加以追认的要式口约⑤也属于这一类。

第十九篇　无效的要式口约

一切能成为我们所有之物，无论是动产或不动产，都可以成为要式口约的标的物。

1. 但如缔结要式口约，以不存在或不可能存在的物为标的

---

① 邻屋有坍塌和造成损害的危险，大法官得依一方之请求，命邻人提供担保，称为防止损害的担保。

② 遗赠附有期日或条件的，受遗赠人不得立即请求给付，大法官得为受遗赠人的利益命他方提供担保，使妥善保管遗赠物。

③ 国家长官之一，享有一部分司法权。

④ 见本《法学阶梯》，1.24.首段。

⑤ 见本《法学阶梯》，4.11。

物，例如已死亡而误以为活着的斯提赫，或不可能有的怪兽，其要式口约无效。

2. 在要式口约中，以神圣物或宗教物（误认其受人类法律的支配），或以民众永久使用的公有物，例如广场、戏院等，或以自由人（误认为奴隶），或以不具有交易性的物，或以属于自己的物，为给付的标的物时也同样无效。要式口约并不因为公有物得成为私有物，自由人得变为奴隶，口约者得使物具有交易性，属于自己的物得不再为自己所有，而使它的效力成为悬案，这种口约是立即无效的。相反，如当初曾就物为有效的要式口约，事后口约的标的物并非由于承诺者的行为而成为上列种类之物，要式口约丧失效力。又下列口约也是自始无效的："将来卢企·铁提成为奴隶时，你答应把他给我吗？"因为一切按其性质不得成为我们所有的物，在任何情况下，不得成为债务的标的物。

3. 任何人如果承担由另一人给予某物或做某事，例如承担由铁提给予五个金币，他不负义务；但如果他承担由他设法做到使铁提给予五个金币，则他负有义务而受拘束。

4. 任何人为自己不处于其权力下的第三人的利益所作的口约无效。但是可以用某种措辞指出向第三人给付，例如提问措辞如下："你承诺给予我或塞伊吗？"在这种情况下，仅口约者取得债权，但给付得向塞伊为之，纵然违背其意愿，给付仍然合法；债务人因而依法免除其债务，而口约者得对塞伊行使委任诉权。如果以口约使他人给付自己和自己不在其权力下的第三人十个金币，要式口约有效，但应向口约者给付要式口约中的全部标的物，还是其中半数，仍有疑问。经决定他所应给付的不超过半数。如果你为在你权力下的人作出口约，你是为你自己而取得，因为凡是能为你而取得的物，你说的话就等于是你儿子的话，你儿子的话就等于是你的话。

5. 又答与问不一致时，要式口约无效，例如，提问指明给予十个金币而回答承诺给予五个，或者相反；又或提问不附条件而回答的承诺则附有条件，或者相反；但其不一致须明白表达出来，例如提问是附有条件或期日的，而回答说："我承诺今日如何如何。"但若只回答说："我承诺"，应视为简短地答复同意提问中的条件或期日，在回答中没有必要重复提问者所表达的全部词句。

6. 你向在你权力下的人作出口约，或在你权力下的人向你作出口约，这种要式口约一律无效。奴隶不仅没有能力与他的主人成立债务，而且没有能力与任何其他人成立债务。但是家子则可以对他人承担债务。

7. 哑子既不得提问，也不得承诺，这是显然的。聋子也是如此，因为提问者应听到承诺者所说的话，承诺者也应听到提问者所说的话。由此可见，我们所指的不是听觉迟钝的人，而是根本丧失听觉的人。

8. 患精神病者不得进行任何法律行为，因为他不了解自己在做些什么。

9. 受监护人得为有效的法律行为，但如受监护人的行为须经监护人核准，监护人应参加，例如受监护人使自己负担债务的情况，但受监护人可以不得监护人的核准而使他人对他负担债务。

10. 以上所述受监护人，指具有一定识别能力者而言。幼儿或近似幼儿的人与患精神病者区别不大，因为这种年龄的人不具有识别能力。但是对于近似幼儿的人，为了他们的利益计，人们给予他们较有利的法律上解释，使他们具有与近似成熟者所享有的相同权利。但是在家长权力下的未成熟的儿子，纵然获得家长的核准，仍不得负担任何债务。

11. 债务附有不可能做到的条件的，其要式口约无效。不可能做到的条件指依事物的性质，其条件不可能完成者而言，例如说："如果我以手指触天，你承诺吗？"但若在提问时说："如果我不以手指触天，你承诺吗？"其债务应认为单纯而无条件的，可以立即请求履行债务。

12. 不在场的人之间成立的口头债务无效。但是这一原则可提供健讼者以争讼的口实，因为可能过了一个时候，他会主张说他自己或其对方并未在场。为求迅速结束这类诉讼案件起见，朕向在恺撒莱的律师们发出宪令，规定凡是载有当事人在场字样的文书，应视为无可辩驳的事实证据，除非提出这种无耻借口的人提出最明显的证据，无论以文书或可靠的人证，证明在缔约那天整个一天，他自己或其对方是在其他地方。

13. 过去，任何人不得以口约方式指明在他死亡后，或在承诺者死亡后把物给他。[1] 在他人权力下的人也不得以口约约定在他所处于其权力下的人死亡后把物给他，因为他说的话应视为他父亲或他主人的话。又如提问说："你承诺在我死亡前一日给我"或"在你死亡前一日给我吗？"这种要式口约无效。但上面已经提到，

① 这种口约之所以无效，因为诉请给付只是在死亡发生时才固定，这样就使诉权只是为了继承人的利益或不利而取得的。

要式口约是根据缔约当事人的合意而生效的，因此朕已就这一点作了必要的修正；现在无论口约所应给予的物是在提问者或承诺者死亡后或死亡前不久给予，其要式口约一律有效。

14. 又如这样提出口约："如果某船以后从亚洲开来，你承诺今日给我吗？"过去，这种要式口约无效，因为这是前后倒置。但是圣明的列奥帝认为这种称为前后倒置的要式口约，如果是有关嫁资的，不应认为无效，朕以为应赋予它全部效力；所以现在这种要式口约，不但关于嫁资的而且关于一切方面的，都一概有效。

15. 这样表述的要式口约，例如铁提说："你承诺在我死亡时给我"或"在你死亡时给我吗？"在古时有效，现在仍然有效。

16. 人们也可有效地订立口约在第三人死亡后给予某物。

17. 如在文件中写明某人已经承诺，这种承诺应认为是对先前发问的回答。

18. 当一个口约提问中包括数物，承诺者简单地回答说："我答应给予"时，他负给予全部的义务。如他回答说将给予其中某一物或某些物时，他仅就回答中所提及的物负债。因为在一次提问中的几个口约，其中只有一个或几个视为已得到回答，就每一物，都应个别提问，个别回答。

19. 上面已经提到，无论何人不得为他人的利益缔结口约。因为要式口约债务的发明，目的是使每个人能取得为他本人的利益取得之物；如口约的物是给予他人的，对口约者将无任何利害关系。但如有人愿意为他人的利益作出口约，最好指明应付给他的罚金，这样一来，如果承诺者不履行其诺言，所约定的罚金，即使对诺言的履行无任何利害关系的口约人来说，依然有效。因为经约定罚金之后，所应考虑的不是口约人的利害关系，而是要式口约中规定的罚金数额。因此，如果任何人以口约给予铁提某物，这一口约无效，但若加上罚则："你如不将某物给铁提，你承诺给我若干金币吗？"这种口约对承诺者就有约束力。

20. 可是，为他人利益所缔结的要式口约，对口约者有利害关系时，应认为有效。对受监护人开始行使职务的监护人，其后把职务移交共同监护人时，得以口约方式指明后者应保全受监护人的财产，因为口约者对履行承诺有利害关系，如果财产管理不善，他是要对受监护人负责的，这种债务是有拘束力的。又如口约指明向他的事务经管人为给付，这种要式口约也应认为有效。或口约指明向他的债权人为给付，口约者对承诺的履行亦有利害关系，因为他可以免于支付罚金，或他所抵押的不动产可以不被出卖。

21. 反过来，任何人承诺替他人履行债务的，并不受其诺言的拘束，除非承诺是在规定有罚金的情况下作出。

22. 就日后可能属于他的物而作的口约，指明在物成为他所有时给予他，这种口约无效。

23. 如提问人与承诺人所指的并非同一物，这与有问无答一样，不发生任何债务。例如，有人提问，指明你给予斯提赫某物，而你却认为他指的是潘斐鲁，以为潘斐鲁就是斯提赫。

24. 根据卑鄙的原因所作的承诺，例如承诺自杀或亵渎神明，其承诺无效。

25. 如口约附有条件，虽然口约者在条件未完成时死亡，但随后条件终于完成，此时他的继承人得请求履行承诺。也可对承诺者的继承人起诉。

26. 如口约指明在某年或某月给予某物,口约者在整个一年或整个一月未过去前,不得为有效的请求。

27. 如果你口约提明给予你一块土地或奴隶,你不能立即提出请求,而应让对方有交付所需的时间后,始得请求。

第二十篇 保证人

被称为保证人的他人得为承诺者承担债务,债权人往往要求这样做,借以获得更大的保障。

1. 一切债务,无论是以要物、口头、书面或诺成的方式缔结的都能有保证人。又保证人所担保的,不问是市民法上的债务或自然的债务,均不重要;因此,任何人对第三人或对奴隶的主人,得就奴隶基于自然债务应对接受保证人为给付之物,担任奴隶的保证人。

2. 保证人不但自身负责,而且他的继承人也负责。

3. 债务的保证得发生于主债务之先或之后。

4. 如有多数保证人,无论人数多少,每个人都就全部债务负责,债权人得向其中任何一人请求全部清偿。但是根据哈德里安帝的批复,债权人必须对在诉讼时有支付能力的保证人分别提出请求。因此,在诉讼时保证人中有人无力支付时,其负担即落在其他保证人身上。但若保证人中一人向债权人为全部清偿,而主债务人无力支付,则损失由该保证人一人负担;这是他咎由自取,因为他本可以根据哈德里安帝的批复,主张对方的诉权仅限于他自己应负责的部分。

5. 保证人不得承担超过主债务人所负的债务，因为保证人的债务从属于主债务，而从债务不能比主债务更多。反之，他们可以承担较少的债务。因此，如果主债务人承诺给予十个金币，保证人可以就五个金币保证债务，反之则不可。又如主债务人的承诺是无条件的，保证人的承诺可以附有条件，反之则不可。多与少不但指数量而言，而且也指时间而言，多者指立刻给予某物，少者指一定时间后给予。

6. 保证人替主债务人作出了清偿，得对后者提起委任之诉，以求偿还。

7. 保证人得用希腊文表述负担债务，措辞如下：我真心诚意命令，我说或我愿意；如果他用“我企求”字样，这与“我说”具有完全相同的意义。

8. 关于保证人要式口约，一般的规则是：其中载明已完成的事项，视为确实已经完成，因此，如果写明自己作为保证人负责，应认为一切必要仪式业已完成。

第二十一篇　书面债务

过去有一种用书面缔结的债务，叫做用“记账”方法缔结的，今天已不通行。但如果某人以书面声明负担一定金额的债务，而他先前从未受领这一金额，过了一个很长时期之后，他不能提出这一金额未曾向他支付的抗辩。这往往是旧时宪令所规定的，所以即使在今天，由于他不能解除给付的义务，他就应受其文书的拘束，根据文书产生了请求给付之诉，无须口头债务的存在。[①] 过去皇帝宪令规定提出抗辩的期限为五年。但为使债权人避免在一个过于长的时间内有受人欺诈而丧失金钱的危险，朕在宪令中规定缩短期限，使这种抗辩应在不超过两年的期间内提出。

第二十二篇　诺成债务

关于买卖、租赁、合伙、委任等契约，债务以当事人的同意而成立。上列各种契约，其债务的缔结只需要双方当事人的同意的说法，乃是因为其缔结既不需用文书，也不需要当事人在场；此外，也没有必要给予某物，只需进行该法律行为的当事人同意即可。因此，双方不在一处，也可以缔结这种契约，例如利用书函或信使，均无不可。关于这些契约，当事人彼此之间应依公平原则履行债务；口头债务则不然：当事人一方提问，他方承诺。

第二十三篇　买卖

当事人就价金取得协议时，即使价金尚未支付，亦未给付定金，买卖契约即告成立；给付定金不过是买卖契约已告成立的证明而已。上述系指不用书面缔结的买卖契约而言，关于这种买卖契约的法律规定，朕并未改动。但是用书面缔结的买卖契约，本皇帝宪令规定非制作买卖文件，其契约不被认为完成。文件或由当事

① 如果存在着要式口约，文书仅具辅助作用。

人亲笔书写，或由他人书写而经当事人签署；如由公证人制作，形式必须完备，并全部完成。因为如果必需的条件有欠缺，就会留有反悔余地，买受人或出卖人都可以撤回而不负担任何损失。但这是指尚未给付定金的情况而言。如已给付定金，无论买卖契约是否以书面订立，拒绝履行债务的一方，如系买受人，则丧失他所给予的定金，如系出卖人，则必须加倍偿还其所受领的定金，尽管双方关于定金并无任何明白的约定。

1. 当事人必须就价金取得协议，因为没有价金就没有买卖。又价金必须是确定的，如果当事人同意，以铁提对物的估价作为价金，买卖契约是否成立，前人有很大争论。朕决定，如买卖的价金由第三者确定，则买卖契约的成立，必须具备这一条件；如被指定的第三者确定了价金，一方即照此数作为价金支付，他方则交付其物，买卖行为从而完成，买受人根据买受行为而享有诉权，出卖人根据出卖行为而享有诉权。但如果被指定的第三者不愿或不能规定价金，由于价金未经确定，买卖即无效。对于买卖所采用的这一法律原则，以之适用于租赁契约，也是合理的。

2. 价金应以一定金额为其内容。奴隶、土地、宽袍等是否也可构成价金，议论纷纭，莫衷一是。萨宾[①]和卡西[②]认为是可以的。正因为如此，所以常常说物的交换是一种买卖，而且这种买卖是最古老的买卖。他们引用希腊诗人荷马的诗句作为论据。荷马在有一处提到希腊军队用某些东西作为交换买酒时说：

---

① Massurius Sabinus，见以上第 90 页，注③。

② Cassius Longinus，罗马帝国初期法学家，公元 30 年曾担任执政官，继萨宾为萨宾派之领导人，故该派亦称卡西派。

"长发垂肩的希腊人为了换取酒，
有些人给铜，有些人给钢铁，
另有些人给兽皮，甚至也有些人给牛，
也有些人给奴隶。"

相反一派的法学家则不以为然。他们认为交换是一回事，买卖是另一回事。否则在交换中无法指出哪一物是出卖的，哪一物是作为价金支付的；如果每一物既是出卖的，又作为价金支付，那就不合情理了。普洛库尔[①]认为交换是有别于买卖的特种契约的意见，占据了优势。他也引证了荷马的其他诗句而且提出了更强有力的理由作为论据。这种意见已为历代皇帝所采纳，而且也在本皇帝的《学说汇纂》中得到详尽阐明。

3. 买卖契约一经缔结，也就是说，不用书面缔结的买卖契约，一经当事人就价金取得协议时，即使买卖标的物尚未交付，买受人立即承担其物的一切风险。因此，如果卖出的奴隶死亡或身体任何部分受伤，卖出的建筑物全部或一部焚毁，卖出的土地全部或一部被激流冲去，或由于水淹或由于暴风雨摧折树木而其面积或价值减损，其损失概由买受人负担，即使他未受领其物，仍应支付价金；因为如果出卖人方面没有欺诈或过错，对于所发生的一切出卖人不应受到影响。但若在买卖契约订立后，土地由于冲积而有所增益，其利益属于买受人，因为利益应由负担危险的人承受。至于被出卖的奴隶非由于出卖人的欺诈或过错而逃亡或被拐盗，必须区别情况，如出卖人承担保管奴隶的义务，直至交付时为止，则所

① Proculus，罗马帝国初期法学家，法学上两派之一的普洛库尔派即得名于他。

发生的事故，归他负担；否则，他不负责任。以上所述同样适用于其他动物或其他物。但是无论如何，出卖人应将对物的诉权和对人的诉权移转于买受人，因为其物在未交付于买受人前，仍属于出卖人所有。关于窃盗之诉和不法损害财产之诉亦同。

4. 买卖可以附有条件，也可以不附条件。附有条件的买卖，例如，“如果在一定期间你喜欢斯提赫的话，我把他卖给你，价金若干”。

5. 明知其为神圣场地、宗教场地或公有场地，例如市场、教堂等而买受之，这种买卖无效。但若买受人受出卖人的欺骗，误信其为俗物或私有物而买受之，由于他不能取得其物，得行使根据买受而产生的诉权，以请求偿还如其不受欺骗所可得的利益。如误以自由人为奴隶而买受之，以上所述，同样适用。

第二十四篇　租赁[1]

租赁契约与买卖契约极相类似，并受相同法律规则的规定。在买卖契约中，价金一经商定，契约即告成立，同样，在租赁契约中，租金一经订定，契约即视为成立；出租人享有出租诉权，承租人享有承租诉权。

1. 以上关于由第三者决定价金的买卖所述种种，同样适用于由第三者决定租金的租赁关系。因此，如果让洗衣人洗涤或整洁

① 意即出租承租。在罗马法中，租赁以标的物之不同得分为三种：物的租赁，业务的租赁（相当于雇佣）和完成一定工作的租赁（相当于承揽）。

衣服，或让裁缝裁制衣服，不订定报酬，而有意在事后按照双方所商定的付给，就不得视为租赁契约业已成立。但在这种情况下产生特定词句诉权。

2. 此外，正如人们常问是否可以通过物的交换而成立买卖契约那样，人们对于租赁也提出同一问题，如某人把物给予你使用或收益，而同时他从你处受领其他一物以供使用或收益作为代价的情况。业经决定这种情况不成立租赁契约而产生特种契约。例如，某人有一头牛，其邻居也有一头牛，他们同意互相出借各自的牛，为期十日，以便完成某项工作。如果一方的牛在他方那里死亡，既不因而产生出租诉权，也不产生承租诉权，此外也不产生使用借贷诉权，因为这里的借贷并不是无偿的，当事人可提起特定词句之诉。

3. 买卖契约与租赁契约如此相近，以致在某些场合，人们常问这是买卖契约呢还是租赁契约？例如，所有人以土地交由他人永远收益，这就是说，只要不拖欠应支付的年租，所有人不得向承租人或其继承人，也不得向那些从承租人或其继承人那里以买卖、赠与、接受嫁资或其他名义取得土地的人，取回其土地。由于古人对于这种契约疑惑不定，有些人认为是租赁，另有些人认为是买卖，因此公布了日诺宪令，规定永佃契约具有特种性质，不得把它与租赁或买卖相混淆，它是根据其本身特殊的约定而生效的；如果有某种约定成立，应视为契约性质的一部分，双方必须遵守。如关于物的危险并无约定，则在物全部灭失时，其危险由所有人负担，在物一部分灭失时，其损失由永佃权人负担。以上仍是应遵守的法律。

4. 又问，如铁提与银匠约定，后者以其自有赤金制成一定重量和式样的戒指，而前者许以比如说十个金币，这应视为买卖契约还是租赁契约？卡西说，就原料而言是一种买卖，就劳务而论则是租赁。业已决定这里只存在买卖契约。但若赤金是由铁提提供的，而劳务报酬亦经约定，则这个契约无疑是租赁关系契约。

5. 承租人的一切行为应遵循有关承租的规定，如规定有遗漏，应根据公平原则履行其义务。任何以使用衣服、银器或驭兽而给予或承诺给予代价的人，应按尽最大注意的善良管理人保管自己的物一样妥善保管其物。如已尽到这种注意，而仍不免发生事故致使物灭失者，他不负赔偿之责。

6. 承租人在租赁期间死亡的，他的继承人以同样条件继承其租赁。

第二十五篇　合伙

人们所组织的合伙，或者包括双方的全部财产，这种合伙希腊人特称之为“共同体”，或者为了经营某种特定业务，例如买卖奴隶、油、酒或小麦。

1. 如未特别商定分配损益的比例，应视为平均分配。如经商定分配损益的比例，当事人应予遵守。如当事人双方商定以损益的三分之二分配于一方、三分之一分配于他方，这种约定的有效性，从未有人怀疑。

2. 但若铁提和塞伊双方约定以利益的三分之二和损失的三分之一分配于铁提，而以损失的三分之二和利益的三分之一分配于塞伊，这种约定应否认为有效，有人提出疑问。昆特·牟企·斯凯伏拉[①]认为这种约定违反合伙的性质，因此不应认为有效。然而塞尔维·苏尔毕企[②]的相反意见却占优势。他认为是有效的，因为某些合伙人的劳务往往如此可贵，以致应该使他们在合伙条件中获得较优越的待遇。毫无疑问可以组织这样的合伙，一方出资，他方不出资，而利益仍由双方共同取得，因为一方的劳务往往等于金钱。通行的意见与昆特·牟企·斯凯伏拉的意见如此背离，甚至人们承认，可以约定一方只分享利益而不分担损失，塞尔维·苏尔毕企就是一贯抱这种见解的。这必须理解为，如果一次业务获利，另一次亏损，应通盘计算，只将纯利视为利益。

3. 如仅对于一方面，例如对于利益或损失一方面，明确商定了分配比例，则对于没有提到的另一方面，其分配比例当然应认为是相同的。

4. 合伙在合伙人维持原议时一直继续存在；但如其中一人退出，合伙即行解散。如果他怀有秘密动机退出，想独吞将到手的利益，例如，包括全部财产的合伙中合伙人之一成为某遗产的继承人，他退出合伙，意图独吞遗产，则他将受到强制与其他合伙人分享这种利益。但若他未施心计退出而有所获得时，其利益单属于他一人所有。他方在一方退出后所取得的，也全部属于他个人所有。

5. 又合伙因合伙人中一人死亡而解散，因为缔结合伙契约的

---

① Quintus Mucius Scaevola，见以上第 47 页，注①。

② Servius Sulpicius，见以上第 31 页，注①。

人是与自己所选定的特定人相结合的。如几个人合意组成合伙，即使其中一人死亡，几个合伙人还在，合伙仍因而解散，除非合伙契约另有规定。

6. 为经营单独一项业务而组成的合伙，在业务结束时，合伙也随之结束。

7. 合伙由于财产没收而解散，其理甚明，如合伙人中一人的全部财产被没收的情况，因为现在既由他人取代其地位，他应视为业已死亡。

8. 又若合伙人中一人因负债累累而让与其财产，于是其财产被出卖以偿付公私债务时，合伙也因而解散。但如合伙人同意继续维持合伙，应认为新合伙关系已开始。

9. 曾经发生下列问题：合伙人中一人是否仅就其故意行为，在合伙之诉上对其他合伙人负责，如同物的受寄人一样，或者也应就其过失即懈怠疏忽负责？通行见解以为他亦应就其过失负责。但他是否有过失，不应根据最大可能的注意的标准来衡量。如其以对管理自己事务所尽的注意用于管理合伙财产，他已经尽了足够的注意。因为接受疏忽大意的人为自己的合伙人，咎由自取，只怪他自己太不谨慎。

第二十六篇　委任

委任契约的缔结有五种不同方式：某人或只为他自己的利益，或为他和你的利益，或只为第三者的利益，或为他和第三者的利益，或为你和第三者的利益，而委托你。专门为了你的利益的委任，完全是多余的，因此你们之间既不发生任何债务，也不发生委任诉权。

1. 为委任人的利益所缔结的委任契约，例如，某人委托你管理他的事务，或为他购买土地或替他作保。

2. 为你和委任人的利益所缔结的委任契约，例如，他委托你借钱给某人附有利息，而某人则把借来的钱用于委任人身上；或者你向他起诉请求使他履行保证债务，他就委托你向主债务人起诉，而由他负担危险；或委托你，在他负担危险的情况下，同他所指定的代理人，就他所应给付你的，订立要式口约。[①]

3. 为第三者的利益所缔结的委任契约，例如某人委托你管理铁提的事务，或为铁提购买土地或替铁提作保。

4. 为委任人和第三者的利益所缔结的委任契约，例如某人委托你管理他和铁提的共同事务，或为他和铁提购买土地，或为他和铁提作保。

5. 为你和第三者的利益所缔结的委任契约，例如某人委托你借钱给铁提，附有利息。如果不附利息，那就专为第三者的利益所缔结的委任契约。

6. 专为你的利益所缔结的委任契约，例如某人委托你以你的钱去买地而不去生利，或相反地去生利而不去买地。这与其说是委任，毋宁应说是劝导，因而是无拘束力的，因为任何人不因劝导他人而受拘束，哪怕这种劝导对受劝导者是无益的，每个人都可以

① 他欠你十个金币，铁提欠他十个金币，他委托你以要式口约向铁提提问，指明由后者向你支付。这一要式口约使他对你和铁提对他的债务，同归消灭，但他仍作为委任人负责。你不但对铁提享有口约诉权，而且对他享有委任诉权。

自由判断劝导是否有价值。因此，如果你家中有多余资金，某人劝你去购买某物或出借生利，虽然这笔买卖或借贷于你并不有利，你对他却不享有委托诉权。因此，有人发问，如果某人委托你把你的钱借给铁提，附有利息，是否可对他提起委任之诉？萨宾的意见占优势，他以为在这种场合，委任是有拘束力的，因为如果他不委任你，你不会借钱给铁提的。

7. 又违背善良风俗的委任契约是没有拘束力的，例如铁提委托你去偷盗，或对他人加以损害或伤害。虽然你由于这一事实而受处罚，你对铁提不享有任何诉权。

8. 受委任人不得逾越委任权限。例如某人委托你在一百金币限额内购买土地，或为铁提作保，你不得超过这一限额而购买或作保，否则你对他不享有委任诉权。所以萨宾和卡西主张，即使你在一百金币限额内提起诉讼，也是徒劳的。相反一派的法学家则认为你可以在一百金币限额内提起有效的诉讼，这一派的意见当然比较合理。如果你以少于限额之价购买，毫无疑问，你对委任人享有诉权，因为如果有人委托你在一百金币限额内购买土地，这种委任应认为如有可能的话，你应以比较低的价格购买。

9. 依法缔结的委任契约，在未开始履行前被撤销的，丧失其效力。

10. 开始履行委任契约以前，委任人或受委任人死亡者，委任契约丧失效力。但是考虑到实际效果，经决定在委任人死后，你如不知情而处理了委任事务，你可以提起委任之诉，否则你的正当而合理的不知情将给你带来损害。类似的决定是：如果在铁提的管事被释放后，债务人不知情而向他清偿的，债务人免除其债务；诚然，依照严格法，债务人既向不应受领的人清偿，他不得免除债务。

11. 任何人有拒绝接受委任的自由，但是既已接受，必须履行，否则应及早终止委任，以便委任人自己或使他人处理事务。除非提出终止委任时，委任人仍有充分机会完成其事务，否则委任人得对他提起委任之诉；但是因正当理由被阻止提出终止委任契约或不能及时提出的，不在此限。

12. 委任契约的生效得附期日或条件。

13. 最后必须指出，委任除非是无偿的，否则总是采取其他契约的形式，如果订明报酬的，就成为租赁契约了。一般说来，凡在不取报酬而接受责任的情况下所缔结的是委任契约或寄托契约，在同一情况下收取报酬的就成为租赁契约。因此，如把衣服交洗衣人洗涤或整洁，或交裁缝修补，而不给予或承诺给予报酬，就享有委任诉权。

第二十七篇　准契约的债务

上面已列举各种不同的契约，现在谈那些正确说来不是根据契约发生的，但又不是由于侵权行为产生的债务，这种债务被认为仿佛是根据契约[①]发生的。

1. 因此，如某人当他人不在时管理该人的事务，就产生双方相互间的诉权，称无因管理之诉，本人对管理人得提起正面诉讼，管理人对本人得提起反面诉讼。显然，严格说来这些诉权并不根据契约

① Quasi ex contractu，意即根据准契约。

发生,因为它们仅在一方未受委任而自动地管理他方事务时发生;因此,其事务受人管理的本人,纵然不知情,也负有义务。这是为了考虑到实际效用而被认定的债务,使不在的人,不致由于当初急需动身未及委托他人管理其事务,而其事务无人过问。无疑,如果管理人不享有诉权,使本人偿还他在管理事务上可能支出的费用,任何人也不会去照管他人的事务的。另一方面,以对于本人有利的方式管理其事务的人,既然得使本人负担义务,同样他对本人也负有提出管理状况报告的义务。这里他必须以尽了最大注意的管理为标准,因为如果尽更大注意的人有可能把事务管理得更好的话,他即使尽了相当于处理自己事务的注意,也还是不够的。

2. 受监护之诉的监护人,严格说来,并不是根据契约而负担义务的,因为监护人和受监护人间根本未缔结任何契约。但是他显然不是根据侵权行为负担债务,所以他被认为是根据准契约而负责。这里双方相互享有诉权,不但受监护人对监护人享有监护诉权;另一方面,如监护人在管理受监护人财产时支出费用或负担债务,或以自己财产向受监护人的债权人提供担保,他对受监护人得提起监护反面诉讼。

3. 又如两人或数人并无合伙关系而共有一物,例如共同接受物的赠与或遗赠,其中一人由于单独收取了孳息或因他人为共有物支出了必要费用,他人可对其提起共有物分割之诉。严格说来,他的债务不是根据契约而来的,因为他们之间并无任何契约存在,但是由于他不是根据侵权行为负担债务的,所以被认为根据准契约而负有债务。

4. 在类似情况下,继承人中一人对共同继承人也同样负担债务，后者可对他提起遗产分割之诉。

5. 严格说来，继承人不是根据契约而对受遗赠人负担义务的，因为严格说来，受遗赠人从未同继承人或被继承人缔结任何契约；但是由于继承人不是根据侵权行为负担债务的，所以被认为根据准契约而负有债务。

6. 同样，误以为负债而向他人为清偿的，该他人视为根据准契约而负担债务。这里严格说来，绝难认为是根据契约负担债务，因为严格推究起来，应该说——正如上面所述——他是根据解除契约而不是缔结契约的行为而负担债务的；因为清偿一般是为了解除契约，而不是为了缔结契约。[①] 虽然如此，这里的受领人仍负担债务，如同他所受领的是消费借贷，从而可对他提起请求返还之诉。

7. 但在某些场合，误以为负债而向他人所为的给付，不得请求返还。古人作出决定：如果由于否认债务而使返还的金额增加，则不得请求返还，例如根据亚奎里法和关于遗赠所提起的诉讼。古时这一规则，仅适用于采用宣告式遗赠特定物[②]的情况。本皇帝宪令，在赋予一切遗赠和信托遗给同一地位的同时，规定把这种增加，不加区别地扩及于一切遗赠和信托遗给；但这种规定并不适用于一切受遗赠人，而仅以某些遗赠和信托遗给为限，即对于人们基于宗教信仰和虔诚礼拜而尊敬的神圣寺院和其他崇敬场地所为的遗赠或信托遗给。对这种遗赠物，纵无给付义务，也不得请求返还。

---

① 参阅本《法学阶梯》，3.14.1。

② Legatum pex damnationem，遗赠之一种，遗嘱人用要式词句，加给继承人义务，使其对受遗赠人给付。受遗赠人享有遗嘱诉权。

第二十八篇　通过哪些人取得债权

在阐述根据契约或准契约产生的各种债务之后，应该指出，我们不但通过我们自己，而且也可以通过在我们权力下的人，不论是我们的奴隶和儿子，取得债权。不过通过我们奴隶所取得的，全部属于我们所有，而通过在我们权力下的儿子基于债务关系所取得的，则按照本皇帝宪令所作出有关所有权与用益权之间的区分，加以处理；因此，行使诉权所获得的一切利益，其用益权属于父亲，所有权则属于儿子①；这是指由父亲根据本皇帝新宪令所规定的区分而提起的诉讼而言。

1. 又我们可以通过我们所善意占有的自由人和他人的奴隶而取得债权，但以下列两种情况为限，即债权是根据他们的劳动或我们所有之物而取得的。

2. 在上述两种情况下，我们也可通过我们对之享有用益权或使用权的奴隶取得债权。

3. 共有奴隶按其主人各自的应有部分而为他们取得，这是没有疑问的，除非他以指名方式为单独一个主人订立口约或受领物之交付，有此情况时，他只为这一主人的利益取得；例如他这样提问："你承诺给予我的主人铁提吗？"如果奴隶奉主人中一人之命提问，尽管过去这是一个疑难问题，本皇帝宪令已决定，奴隶仅为给予他命令的那个主人取得，已如上述。

① 见本《法学阶梯》，2.9.1。

第二十九篇　债务消灭的方式

一切债务，由于以应给付的物清偿，或经债权人同意以他物代为清偿而消灭。债务是由债务人清偿或由第三人代为清偿，无关宏旨，因为第三人既代为清偿，不论债务人知情与否，甚或违背其意愿，债务人仍免除其债务。主债务人清偿时，替他作保的一切人因而免去其债务，相反的情形也是一样，即若保证人清偿，不但他本人而且主债务人也免去其债务。

1. 又债务因假象受领而消灭。这是想象的清偿。铁提为了免除债务人对他所负的口头债务，他可以让债务人向他提出下列问句："我所承诺给予你的东西，你受领了没有?"铁提答道："我受领了。"假象受领也可以用希腊文表达，不过应与惯用的拉丁文句相符合："你受领了若干银币没有？我受领了。"通过这种方式，仅口头债务消灭，以其他方式缔结的债务并不消灭。口头债务自然可用口头方式来消灭。但是根据其他原因的负债可以采用口约的方式，用假象受领的方式使之消灭。[①] 债务人既可就部分债务为有效的清偿，也可用假象受领以消灭部分债务。

2. 创制了一种新的要式口约，通称阿几里要式口约；如采用这种方式，不问哪种标的物的债务，都可以包括在要式口约内，并通过假象受领而消灭。阿几里要式口约发生债务更新的效力。加

① 用更新(novatio)的方法，使其他债务变成口头债务，然后通过假象受领使之消灭。关于更新详见以下第 3 段。

卢·阿几里[①]拟定公式如下："不论根据何种原因，你对我现在应该、将来应该、可能应该在现在或在将来一定期日给予或做的一切事物；我对你所得行使的一切对人诉权、对物诉权或非常诉权；你所取有、持有、占有或可能占有，或由于你的故意的过错而不再占有的属于我的一切东西；举凡以上种种事物价值多少，奥卢·亚及里[②]就按多少口约由对方给予他，对方努梅里·奈吉迪[③]也承诺给予他。"另一方面，努梅里·奈吉迪向奥卢·亚及里发问："'我今天在阿几里要式口约中向你承诺的一切，你承认受领吗？'奥卢·亚及里回答说：'我承认受领了'，或'我已记入而受领了'。"

3. 此外，债务因更新而消灭。例如塞伊与铁提就你对塞伊的负债成立要式口约。由于新债务人的参加，产生了新债务，前债务由于转变为新债务而消灭。以致可能有这样的情况，后来的要式口约虽然无效，前债务却因更新而消灭。因此如铁提与受监护人未得监护人的核准而就你对铁提的负债成立要式口约，铁提会丧失一切权利，因为前债务人已免除其债务，而后一债务是无效的。但若他与一个奴隶成立要式口约，情形则不同，因为此时原来债务人依然受债务的拘束，如同后来从未成立任何要式口约一样。如果你后来与之成立要式口约的是原债务人，则不发生更新，除非其中包括某种新内容，例如附加或取消条件、期日或保证人。至于由于附加条件而发生的更新，应指条件成就时始发生更新；如果条件不成就，原来债务依然有拘束力。古人一贯主张，只有在以更新的

① Gallus Aquilius，罗马共和国时期法学家。公元前66年任大法官。

② Aulus Agerius，罗马法学家惯常用以指原告而言。

③ Numerius Negidius，指被告而言。

意图负担第二次债务时,始发生更新。因此什么时候应视为有更新意图的存在,不无疑问,各人都根据不同情况,提出各种不同的假设。所以朕公布宪令,明确规定,更新的发生,必须当事人明白表示他们是为了更新前债务而缔结新债务的,否则原来债务依然有拘束力,而第二次债务则是一种附加,这样,根据本皇帝宪令的规定,每一个契约产生一个有效的债务。详细规定见宪令本文。

4. 最后,以诺成方式缔结的债务,因当事人表达相反的意思而消灭。如果铁提与塞伊双方同意,由塞伊以一百金币购置在杜斯库朗的土地,随后,在契约尚未履行前,即在价金尚未支付或土地尚未交付前,他们同意撤销这一买卖,双方都因而免除债务。以上规则亦适用于租赁以及其他一切诺成契约,已如上述。

第 四 卷

第一篇　侵权行为所发生的债务

前卷业已阐述根据契约和准契约发生的债务，以下将考察根据侵权行为发生的债务。前者区分为四种，已如上述；后者仅有一种，因为这些债务是从一种事物产生的，即侵权行为，例如盗窃、抢劫、财产上损害或人身伤害。

1. 盗窃是以欺诈方法夺取物的本身，或物的使用或占有，这种行为受到自然法的禁止。

2. Furtum（盗窃）一词，或是源出于 furvum，意即黑暗，因为盗窃行为总是偷偷地在黑暗中干的，而且往往发生在夜间；或是源出于 fraus（欺诈）；或是源出于 ferre，意即取走；或是源出于希腊文窃贼一词，而该词又从“取走”一词而来。

3. 盗窃区别为两种：现行盗窃和非现行盗窃。至于搜获和转置乃是与盗窃有关行为的种类而非盗窃本身的种类，见下文自明。希腊人称现行盗窃犯为“被当场捕获的人”，这不但指在盗窃时，而且指在盗窃地点被捕获的人，例如窃取者尚未跑出大门而在盗窃所发生的房屋内被捕获，或已盗窃了橄榄或葡萄而在橄榄园或葡萄园中被捕获。又现行盗窃应推广泛指窃取者在公共场所被所有人或其他人发现或捕获，其时他持有盗窃物而尚未到达他意图把盗窃物带到和安放的地点的情况。一旦他到达目的地，纵然后来连同盗窃物一起捕获，他已不再是现行犯了。根据以上所述，也就可知非现行盗窃是什么了。凡不属于现行盗窃范围之内的，都是非现行盗窃。

4. 盗窃物在某人住处当证人之面被搜查发现的，叫做搜获盗窃。某人虽然不是窃取者，但得对他提起特种诉讼，称搜获之诉。某人将盗窃物置放你处，从而在你处被搜获，而他之所以放在你处其目的是使盗窃物在你处而不在他处被搜获，这叫做转置盗窃。盗窃物在你处被搜获，你对于把盗窃物转置你处的那个人，哪怕他不是窃取者，得提起转置之诉。此外，任何人对于企图当证人之面进行搜查盗窃物的人加以阻止者，对他得提起阻止搜查盗窃物之诉。又大法官告示规定，对于不交出在他那里搜获的盗窃物的人，得通过拒不提出盗窃物之诉，加以处罚。但是所有这些诉权，即搜获之诉，转置之诉，阻止搜查盗窃物之诉和拒不提出盗窃物之诉，现在一律废止。由于今天搜查盗窃物，不是依照老规矩办理，所以上列诉权已不再通用；现在凡知情而收受并隐藏盗窃物的人，可一律对之提起非现行盗窃之诉。

5. 现行盗窃的罚金是盗窃物价值的四倍，不论窃取者是自由人或是奴隶，非现行盗窃的罚金是加倍。

6. 盗窃不但指以据为己有的意图取去属于他人所有之物，而且一般地指违背所有人的意愿而处理其物。因此，如受质物担保的债权人或物的受寄人使用其物，或物的使用人不按照给予其物时所指定的用途，而依其他用途使用其物，都构成盗窃；例如，某人为了设宴招待客人而借用银器，结果把银器随身带到远地；或借马骑行闲游而结果放辔远行，好比古人所说的，策马上阵作战。

7. 虽然如此，当借用人不按照借用物时所指定的用途，而依其他用途使用其物时，只在明知这样做违背了所有人的意愿，并且所有人如知道是不会允许的情况下，才构成盗窃；但若确信所有人会允许，则不构成盗窃。这一区别是很合理的，因为无盗窃的意图不构成盗窃。

8. 纵使某人明知违背所有人的意愿而处理借用物，但若所有人事实上同意他这样使用，一般认为不构成盗窃；因此发生下列问题：铁提怂恿梅维的奴隶，从他主人那里盗窃某些东西拿来给铁提，奴隶告诉了主人，主人为了要当场捕获铁提，准许奴隶把这些东西偷交给铁提，在这种情况下，是否可以对铁提提起盗窃之诉，或腐蚀奴隶之诉，或是不得对他提起上列任何一种诉讼？人们向朕提出了这一疑问之后，朕考察了古代法学家就这一问题的争论，其中有些人不主张赋予盗窃诉权和腐蚀奴隶诉权，另有些人主张仅赋予盗窃诉权。为了避免这种细微区别，朕决定在这种情况下，不但赋予盗窃诉权，而且赋予腐蚀奴隶诉权。虽然事实上奴隶没有被人腐蚀，从而构成腐蚀奴隶诉权的条件并不存在，但是腐蚀奴隶这种意图无疑是存在的，因此应该对他处罚，如同奴隶确实被腐蚀了一样；如果不予处罚，他人将受到鼓励而对其他易被诱惑的奴隶进行这种罪恶行为。

9. 有时可以发生自由人被拐盗，例如拐走在我们权力下的子女。

10. 甚至有时可以盗窃自己的物，例如债务人以欺诈意图窃取给予债权人作为担保的物品。

11. 有时自己虽未实行盗窃，但仍可对之提起盗窃之诉，例如对于盗窃行为提供帮助和计谋的人。属于这一类的人有：使你扔下手里的钱币，以便他人攫取；或把你拦住，以便他人取去你的东西；或驱散牛羊，以便他人窃取，如古时法学家所描写的，用红布哄散牛群。但若他出于嬉戏并无意帮助进行盗窃，则应该对他提起事实之诉。[①] 但如果梅维帮助铁提盗窃，可对他们两人提起盗窃之诉。此外，以梯子置于窗下或打开门窗，以便他人实行盗窃，或将打开门窗的工具、爬窗的梯子，明知是用于盗窃而借给他人使用，都视为对于盗窃提供帮助和计谋。但若对于盗窃未进行帮助，而仅代出主张怂恿他人盗窃的，不能对之提起盗窃之诉。

12. 凡处于家长或主人权力下的人，如从家长或主人那里窃取其物的，即构成盗窃。在这种情况下，其物成为盗窃物，在未经所有人收回前，任何人不得以时效取得之；但不发生诉权，因为在他们之间不可能根据任何原因发生诉权。如盗窃是在他人提供帮助和计谋下实行的，既然发生了盗窃，即可对该他人提起盗窃之诉，因为事实上的确由于他的帮助和计谋而发生盗窃。

13. 凡对于保全某物有利害关系的人，哪怕不是物的所有人，都可以行使盗窃诉权。因此，所有人仅以对于物不遭灭失具有利害关系者为限，始得行使诉权。

---

① Actio in factum，这是一种大法官赋予的诉权，在书面程式中不提法律问题，而仅载明事实，如经审判员查明属实，即判被告败诉。大法官往往利用事实之诉，以补法律之不足。

14. 由此可见，债权人因担保物被窃可以提起盗窃之诉，哪怕债务人是有清偿能力的；因为对债权人来说，持有担保物比对债务人个人追诉也许更为有利。因而，窃取担保物的，即使是债务人本人，债权人同样可以对他提起盗窃之诉。

15. 洗衣人或裁缝收取一定报酬，接受他人衣衫加以洗涤或修补，因遭盗窃而丧失衣衫者，唯独他而不是所有人才享有诉权；因为所有人对于保全其物，并无利害关系，他可以对洗衣人或裁缝提起租赁之诉，请求回复其物。但若善意买受人所买受之物被窃，纵然他不是所有人，如同债权人一样，仍得行使盗窃诉权。但洗衣人或裁缝以有支付能力即有能力向所有人偿还物的价值者为限，始享有诉权；如其无支付能力，所有人由于无从回复某物，得自己行使盗窃之诉的诉权，因为在这种情况下，所有人本人对于保全其物有利害关系。洗衣人或裁缝有部分支付能力的亦同。

16. 以上所述关于洗衣人或裁缝的情况，古人认为同样适用于物的无偿借用人；正如洗衣人由于收取报酬而负有保管其物的义务，借用人也由于接受物的使用而负有同样义务。但是，为了明智起见，朕在这一点上修正了自己的决定，现在所有人可对借用人提起使用借贷之诉，或对窃取者提起盗窃之诉，但一经选定，所有人即不得反悔而行使另一诉权。如果他选定对窃取者起诉，借用人免除其义务；如果他对借用人起诉，他就不能再对窃取者提起盗窃之诉。不过借用人得对窃取者行使盗窃诉权，但以所有人明知其物已失窃而选定对借用人起诉者为限。如果所有人不知或不确知其物已失窃而对借用人提起使用借贷之诉，事后才知道真情，于是想放弃使用借贷之诉，而对窃取者追诉，他这样做，未始不可，而且并无任何妨碍，因为当初他是因不知真情才对借用人起诉的。当然，这限于所有人尚未从借用人那里得到清偿的情况，在此情况下，窃取者在对所有人关系上，不再能对其提起盗窃之诉，所有人的诉权已移转于借用人。不言而喻，如果所有人当初不知其物已失窃而提起使用借贷之诉，随后获悉真情，而对窃取者起诉，不论这一诉讼结果如何，借用人均免除一切义务。上述规则，不论借用人有全部或仅有部分支付能力，一律适用。

17. 受寄人对寄托物不负安全保管责任，他仅就故意行为负责。因此，如果寄托物被盗，受寄人根据寄托契约既不负回复原状的义务，从而对于保全其物，并无利害关系，所以他不得提起盗窃之诉，仅所有人得提起之。

18. 最后必须指出，曾有人提出问题：未成熟者取去他人之物，是否构成盗窃。解答是：盗窃既以犯意为要件，未成熟者自不受根据这种侵权行为所发生的债务的拘束，除非他已接近于成熟，因而能识别自己的行为是不法的。

19. 盗窃之诉，不论所要追诉的是四倍或加倍，只以取得罚金为目的；除此之外，所有人还可以提起对物之诉或请求返还之诉，以求回复原物。前者得对一切占有人提起，不论是窃取者或其他人；后者得对窃取者本人或其继承人提起之，哪怕继承人并不占有盗窃物。

第二篇　对抢劫者的诉权

强夺他人之物者，同样可对之提起盗窃之诉，还有谁比强夺他人之物更是违背所有人的意思夺取其物呢？因此把他叫做“无耻盗贼”是十分恰当的。但是大法官对于这种侵权行为订有特种诉权，称对抢劫者的诉权；如在一年内行使，得要求偿还抢劫物价值的四倍，一年后仅得要求单价。对于强夺哪怕极微小的一件东西的人，也可以行使这一诉权。但是上述四倍之数并不全是罚金，不得在此以外还要求回复原物，如同上述现行盗窃之诉一样。此四倍之数包括回复原物在内，因此罚金只不过是三倍，不论抢劫者是否当场捕获。[①] 对待使用暴力的抢劫者比对待偷偷地窃取者更为宽大，那是可笑的。

1. 既然这一诉权只是对恶意强夺的人行使的，因此，如误以他人的物为自己所有，同时不明法律，以为所有人甚至可以强夺在他人占有中而属于自己之物，因而强夺其物的人，不得对其行使这一诉权。根据同一理由，对于在这种情况下取走一物的人也不得提起盗窃之诉。但是为了不使抢劫者有所借口，或找到可以满足其贪欲而仍得逍遥法外的途径，皇帝宪令在这一点上作了明智的改进，规定任何人不得强夺任何动产或动物，哪怕他以为这一动产或动物是属于他所有的。触犯此宪令的人，如物属于他所有，则丧失其对物的所有权；如物属于他人所有，则除返还其物外，还应支付其价值。宪令宣布，以上规则不仅适用于强夺动产，而且也适用于强行侵入土地附着物，借以防止一切暴力抢劫行为。

2. 这一诉权显然并不以该物属于原告财产的一部分为要件，

① 因此抢劫与盗窃不同，无现行犯和非现行犯之分。又对抢劫者的诉权与对盗窃的诉权在性质上有所不同，后者以取得罚金为唯一标的，前者的标的包括罚金和原物在内。

不论该物是否属于他财产的一部分，只要它是从他的财产中取走的，即能行使这一诉权。因此，不论在铁提那里盗取的是借用物、租赁物、担保物甚至寄托物，如系寄托物，他须对于该物不被强力取走，具有利害关系，例如他承诺对于寄托物就自己的过错行为负责；也不论该物是他善意占有的，或他对于物享有用益权或其他权利，以致他对于该物不被强力取走，具有利害关系；属于上述情况时，应认为他享有这一诉权，目的不是使他取得该物的所有权，而仅仅是回复从他财产中，即从他的财富中被强力取走的东西。一般说来，凡是在偷偷地窃取的情况下发生盗窃诉权的一切原因，在以强力取走的情况下即成为发生这一诉权的原因。

第三篇　亚奎里法

亚奎里法[①]规定了不法损害赔偿的诉权，其第一节规定，对于不法杀害他人的奴隶或属于他人畜群的四脚动物的人应判令按过去一年内任何时期该物所值的最高价向所有人赔偿。

1. 由于法律不是一般地提及四脚动物，而只提及属于牲群的四脚动物，所以应认为其规定不适用于野兽或狗，而仅适用于人们所谓可以放牧饲养的那些动物，例如马、骡、驴、牛、绵羊、山羊等。有人主张其规定也适用于猪，因为猪确应包括在牲群内，它们可以成群饲养。这正是埃里·马其安在所著《法学阶梯》一书中引用荷马在《奥德赛》叙事诗中的一段话，荷马说："你将发现他坐在那里

① Lex Aquilia，约公元前3世纪初，在护民官亚奎里的提议下通过的平民决议。

守着猪，这些猪放牧在亚累吐沙泉源附近的考拉克斯岩石边。”

2. 不法杀害指无任何权利而杀害；因此杀害抢劫者的人不得对之行使这一诉权，但以其不能用其他方法避免威胁到他的危险为限。

3. 因偶然事故杀害者，不适用亚奎里法，但以加害人自身并无任何过错者为限，因为亚奎里法不但处罚故意，同时也处罚过错。

4. 因此，如果有人在要标枪或练习标枪时，把过路的属于你的奴隶刺死，必须作出区别。如果事件的发生，是由于士兵在演武场或在其他用于军事操练的场所演习所致，应认为该士兵并无任何过错；但此外一切人在这种情况下造成类似事故的将是有过错的。士兵在非用作军事操练的场所发生事故的，应认为有过错。

5. 又修整树枝的人使树枝坠地，将正在过路的属于你的奴隶击毙，如果这事发生在公路或村道旁，而整枝的人并未高声呼喊行人回避，他是有过错的。如果他呼喊了，而你的奴隶竟漫不经心，整枝的人并无过错。如果他在远离通道或在庄园中砍伐树木，即使他不高声呼喊，他也同样没有过错，因为在这些地点，任何外人无权通行。

6. 又如医生对你的奴隶动了手术之后，不继续关怀治疗，致奴隶身死，医生是有过错的。

7. 拙劣无能也同样算做有过错，例如医生由于手术拙劣或误投药物，以致你的奴隶死亡。

8. 同样，如果赶骡的手忙脚乱，无法约束那些骡子，竟把你的奴隶撞倒，赶骡的人有过错。如系力弱无法约束骡子，而一个力气较大的人在这种情况下可以约束的，他也同样有过错。同一决定适用于由于力弱或缺乏技巧而无法驾驭马匹的人。

9. 上述法律规定："按过去一年内所值的最高价"，系指被人杀害的属于你的奴隶，在死亡时哪怕是一个瘸子，或是独眼龙，或是残废者，但若在过去一年内曾经是健全而极有价值的，加害人便不应按其目前的价值，而应按其在过去一年内所值的最高价赔偿之。因此，可以认为这一诉权具有惩罚性质，因为加害人不仅对于所造成的损害负责，而其所负责任，有时大大超过损害的范围。因此，这一诉权不得对继承人行使，如果判定的赔偿不超过实际损害额，则可由继承人承担。

10. 计算损害时，不仅限于灭失的物体的价值，有如上述，而且还包括因灭失所引起的其他损失在内，这一决定不是根据法律明文而是根据解释而来的。例如，你的奴隶被指定为继承人，在奉你之命承受遗产前，他被人杀害，则遗产的损失亦应计算在内。同样，一对骡子中的一匹，或一套四匹马之一，或剧团中一个扮演角色的奴隶被人杀害，此时，不但应计算灭失物的价值，还应计算存余物在价值上所遭到的贬损。

11. 奴隶被杀害，他的主人除得根据亚奎里法提起私人诉讼，请求损害赔偿外，对杀人犯可提起刑事诉讼。[①]

12. 亚奎里法的第二节业已废止。

13. 第三节规定其他各种损害。它规定了奴隶或属于牲群的四脚动物被人伤害时，或不属于牲群的四脚动物如狗或野兽被人

① 亚奎里法中规定的是以民事赔偿为标的的诉权。

杀伤时的诉权。它又规定不法加损害于其他一切动物或无机体时，得诉请赔偿。其实，任何物被焚毁、损坏、捣碎时，都可以根据这一节起诉，因为单纯损坏一词，足以包括上列一切情形在内。损坏指各色各样的破坏。因此之故，不仅焚毁或捣碎而且割裂、碰撞、倒翻以及各种各样的灭失或毁损，都包括在这一词的含义之内。又经决定，以物掺杂在他人的油或酒之中，致损坏油、酒的优良质量的，也应依这一节规定负损害赔偿之责。

14. 同第一节所规定的一样——杀害他人的奴隶或四脚动物的，不论出于故意或过错，都应负责——第三节规定造成其他损害的，也不论出于故意或过错，都应负责。这一点是很显然的。但是按这一节，加害人所负赔偿义务，不是按其物在过去一年内而是在过去的三十日内所值的最高价计算的。

15. 这里并未明白规定"最高额"字样。但是萨宾正确认为应假定法律中有"最高额"一词而进行计算，因为罗马平民在根据护民官亚奎里的提议通过该法律时，认为只需在第一节中使用该词已经足够了。

16. 此外，根据亚奎里法的规定，正式诉权只能对以自己体力造成损害的人提起。因此，在以其他方式造成损害的情况下，则赋予被害人准诉权。例如，有人禁闭他人的奴隶或牲畜，致奴隶或牲畜饿死，或骑着你的马奔驰，致马倒毙，或惊骇牲畜，致使牲畜坠入深渊，或诱劝他人的奴隶上树下井，而奴隶在上树下井时摔死或残废；有上述情况时，则赋予准诉权。但若有人把他人的奴隶从桥上或岸上推入河中，致奴隶淹死的，不难理解，他是用自己体力推动奴隶而造成了损害，因而他应直接根据亚奎里法负责。未用自己体力造成损害，也未伤害任何人或动物的身体，而用其他方式加损害于他人的，亚奎里法所规定的正式诉权和准诉权，都不适用；在这种情况下，经决定得对加害人提起事实之诉，例如出于怜悯而将他人奴隶身上的锁链解除，以致奴隶逃逸。

第四篇 侵害行为

Injuria（侵害行为）一词，一般地说，指一切违反法律的行为而言：特殊地说，有时指侮辱而言，希腊文为 ὕβρις；有时与过错同义，希腊文为 ἀδίκημα，亚奎里法中所谈到的出于 injuria 造成的损害，即指此；有时又具有不公正和冤屈的含义，希腊人称 αδικία。凡受到大法官或审判员不公正判决的人，人们总说，他蒙受了冤屈。

1. 侵害行为[①]的构成，不仅可由于用拳头或棍杖殴打，而且由于当众诬蔑，如诬赖他人是债务人而占有他人的财产，而行为人明知他人对他不负任何债务；或写作、出版诽谤性的诗歌、书籍，进行侮辱，或恶意策动其事；或尾随良家妇女、少年或少女，或着手破坏他人的贞操。总之，很显然，侵害行为有各种不同的方式。

2. 蒙受侵害的人，不仅指自身而且指在自己权力下的子女蒙受侵害，又根据通行的见解，还指自己妻子蒙受侵害。因此，如果你侵害了在家长权力下的女儿，而她已嫁给铁提，不但女儿，而且其父和其夫都可以自己名义对你提起侵害之诉。反之，如果丈夫蒙受了侵害，其妻不得提起侵害之诉，因为丈夫是妻子的护卫者，

① 上述特殊意义的 injuria。

而妻子则不是丈夫的护卫者。翁亦得以儿媳的名义提起侵害之诉，但以儿媳的丈夫处于他权力下者为限。

3. 严格说来，不可能对奴隶本身发生侵害，应认为奴隶的主人通过奴隶而蒙受了侵害，但这并不像他通过子女或妻子蒙受侵害一样，而只有在他人所施侵害性质严重，足以成为对主人的明显凌辱时才是这样，例如鞭打他人的奴隶，有此情形时，可以对行为人提起侵害之诉。若只当众谩骂奴隶或以拳打他，主人不得起诉。

4. 如对共有奴隶施以侵害时，公平原则要求不是按其主人各自的应有部分，而按他们各自的身份来估计侵害，因为蒙受侵害的乃是这些主人。

5. 如果铁提对于奴隶享有用益权，而梅维享有所有权，应该认为梅维蒙受了侵害。

6. 如自由人善意地作为奴隶为你服务，而受到了侵害，你没有诉权，但他得以自己名义起诉；除非他人侵害他只是为了侮辱你，有此情况时，你也可以提起侵害之诉。同样，他人的奴隶善意地为你服务时，只要对奴隶所施侵害是对你的侮辱，你就可以提起侵害之诉。

7. 根据十二表法，侵害的处罚是以肢还肢；如只是骨折，则处以罚金，罚金根据当时极度贫乏的状况作出规定。随后，大法官准许受害者自己估计，以便审判员按照他所估计的判令支付，但审判员也可适当地减少其金额。十二表法实施的处罚，业经废止；反之大法官所实施的，亦称长官法，则在审判上被采用。依照被害人的地位和身份的不同，侵害的估计亦有多少之别，甚至奴隶被侵害时，也应有这种差别，这并不是不适当的；对于一个当管事的奴隶，或对于一个担任中级职务的奴隶,或对于一个最下级的奴隶或带锁链的奴隶,作出损害的估计时,为数各不相同。

8. 考尔乃里法[①]也谈到侵害,并提出侵害之诉。如某人诉称被人殴打,或其家被突破侵入,都可据以行使这一诉权。所谓家,指其人居住的地方,不论是自有的或租赁的,也不论是无偿居住的或做客居住的。

9. 侵害的严重性根据不同情况而定;或根据侵害行为的性质,例如以棍棒重击或伤害他人,或根据地点,例如在戏院、广场或当大法官的面实施侵害;或根据人的身份,例如长官或元老遭受贱民侵害,或尊亲属或保护人受其儿子或被释自由人侵害。因为对元老,尊亲属或保护人所实施的侵害,与对贱民或家外人所实施的侵害,在估计上是不同的。有时侵害的严重性质决定于伤害的身体部位,例如眼部被殴。至于是对家长或家子的侵害,则并无差别,因为对后者的这种侵害亦应认定其性质是严重的。

10. 最后必须指出,关于一切侵害,被害人可提起刑事诉讼,也可提起民事诉讼。在民事诉讼中,应根据以上所述估计一个数额,对行为人处以罚金;在刑事诉讼中审判员应依职权对行为人另外判处刑罚。但是必须注意,日诺宪令规定有名望的人和显贵得委托诉讼代理人在刑事上提起侵害之诉或应诉,这一点阅读宪令本文当更加清楚。

11. 不仅可以对实施侵害行为的人,例如殴打者提起侵害之诉,而且可对恶意怂恿或唆使打人嘴巴的人提起侵害之诉。

---

① Lex Cornelia,公元前 81 年在苏拉独裁期间通过的平民决议。

12. 这一诉权因被害人放弃和不考虑他所蒙受的侵害而消灭;因此,如果他遭受侵害,当场不表示任何反感,事后不得反悔而重新提出他已不追究的侵害。

第五篇　准侵权行为所产生的债务

如审判员因错判而使他本身对此承担责任,严格说来,他不得被视为根据侵权行为负责,然而他既不是根据契约负责,又犯了或许由于他的无知而犯的某种过错,因此他被视为根据准侵权行为负责,由审判员按其良心认为公允的数额负责偿付。

1. 同样,某人占用一楼房,不论是自有的,租用的或借住的,而有人从楼房投掷或倾注某物,致对他人造成损害时,前者被认为根据准侵权行为负责;根据侵权行为负责是不确切的,因为这种情况往往是他就他人,例如子女或奴隶的过错而负责。任何人在公共通道上放置或悬挂某物,其倾倒或坠落伤害行人者亦应负责,在此情况下,规定处以十个金币的罚金。关于投掷或倾注某物,经规定得诉请给付两倍于所造成的损害;其因而伤害自由人的生命的,处以五十个金币的罚金;伤害其身体而未至于死亡的,应由审判员根据具体情况,基于公平原则所估计的金额为准判处罚金;在估计时,审判员应考虑支付医生的诊费和其他治疗上的费用,此外还应考虑由于丧失工作能力而在就业上所已受到和将受到的损失。

2. 如家子与其父分居,而从自己楼房投掷或倾注某物,又或放置或悬挂某物,而其倾倒坠落可能发生危险的,犹里安主张不得对其父,而只能对儿子本人提起诉讼。上述原则同样适用于身为审判员而作出错判的儿子。

3. 同样，船长、客店主人或马厩主人对于在船舶上、客店内或马厩中，出于欺诈或由于失窃所发生的损害，视为根据准侵权行为负责，但以他本人并无不法行为，而是他所雇用在船舶、客店或马厩内服务的人员所做不法行为者为限。对他所得行使的诉权，虽然不是根据契约而来，但是他雇用坏人服务，在这一点上他确有过错，所以他被视为根据准侵权行为负责。有上述情形时，赋予被害人事实之诉的诉权，其诉权得由继承人继承，而不得向继承人提起。

第六篇　诉权[①]

现在只剩下诉权尚待阐述。诉权无非是指有权在审判员面前追诉取得人们所应得的东西。

1. 一切诉讼，由审判员或仲裁员受理的，可分为两种：对物的诉讼和对人的诉讼。[②] 原告对被告起诉，或者因为被告根据契约或侵权行为对原告负有债务；在此种情形下，原告所提起的是对人的诉讼，主张被告应给予某物或做某事，或主张被告应以任何其他

---

① Actio一词，原意指某人诉诸官厅，不论他处于原告或被告的地位。随后又指诉诸官厅的权利即诉权，或指进行诉讼采用的程序而言。

② 对物的诉讼和对人的诉讼之分是与物权和债权之分相适应的。关于对物的诉讼，公式中请求标的部分表述如下："如果根据市民法看来奴隶是属于原告的。"其中只表出权利主体某人和权利客体某物。关于对人的诉讼，在公式中尚须表出特定债务人，措辞如下："如果看来被告某某应为原告某某的利益给予某物，做某事，提供一定给付。"

方式履行其债务。或者原告对被告起诉，不是因为被告对原告负有债务，而是同被告就某物发生争执；在此种情形下，原告所提起的是对物的诉讼，例如某人占有一有形体物，铁提肯定这物是他的，而占有人主张他是所有人。铁提既主张物是他的，所以这是对物的诉讼。

2. 同样，如果在诉讼上主张对土地或房屋享有用益权或对邻地享有通行、驱赶牲畜或导水权，该诉讼是对物的诉讼。属于同类性质的是关于城市地役权的诉讼，例如主张享有建造超过一定高度房屋的权利，从房屋眺望不受挡阻的权利，建筑物一部突出的权利，或以横梁架在邻人房屋墙上的权利。另一方面，也发生关于用益权和城市或乡村地役权的相反的诉讼，即主张被告不享有通行、驱赶牲畜或导水权，也不享有建筑更高房屋、眺望、建筑物突出和横梁架在邻屋墙上的权利，这些都是对物的诉讼，然而是消极的。而且这种诉讼不适用于就有形体物发生的争端，因为关于这种争端，物的占有被剥夺的人才能提起诉讼，因为物的占有人不能提起诉讼以否认其物属于对方所有。但是有一种情况占有人得为原告，详细情况参阅《学说汇纂》中的有关篇目。

3. 上面提到的以及其他类似的诉讼，都是根据特别法律和市民法而来。此外还有大法官根据其职权所实行的诉讼，包括对物的和对人的都在内，必须举例说明之。例如大法官往往准许提起下列对物的诉讼：原告主张他已因时效取得其物，而其实他并未因时效取得；或者相反，他主张对方占有人并未因时效取得，而其实对方已因时效取得该物。

4. 例如，属于某人的某物，通过合法的方式，如买卖，赠与、嫁资或遗赠等而交付另一人，该另一人在未取得物的所有权前丧失占有者，不享有以回复其物为标的的直接对物诉权，因为根据市民法，只有所有人才可提起请求回复其物的诉讼。但是在这种情况下，如认为不存在任何诉权，未免失之过严；因而大法官实行了一种诉讼，丧失占有的一方得主张他已因时效取得某物，据以诉请回复该物，尽管他并未真正因时效而取得。这一诉讼称普布里奇之诉[①]，因为它首先是在普布里奇大法官告示中被提出而实施的。

5. 反之，因公离国或被敌人俘虏的人，因时效取得属于居住国内的人所有的物者，所有人得在占有人回国后一年内，主张取消时效，诉请回复该物，这就是说，主张占有人并未因时效取得，从而该物是属于他的。大法官复根据公平原则，以这种诉权赋予某些其他人，参阅更详尽的《学说汇纂》自明。

6. 同样，如债务人为了要欺骗债权人，将其所有物交付他人，而其物业经总督命令由债权人占有者，债权人得主张撤销交付，并诉请回复该物，这就是说，可主张该物未曾交付，从而它仍属于债务人财产的一部分。

7. 同样，塞尔维之诉[②]和准塞尔维之诉——又称抵押诉权——也都是从大法官的审判权中创设。塞尔维之诉是土地出租

① Actio Publiciana，其年代无可考。市民法诉讼（诉权）和大法官诉讼（诉权）之分是与市民法和大法官法之分相联系的。市民法诉讼目的在实现市民法承认的权利，原告永远可以提起，不受时间限制。大法官诉讼则不然，原告往往不享有市民法上权利，因此他在公式中无从提出法律问题，而只叙述经过事实；一般说来，应于一年内提起之，因为大法官告示的有效期间原则上是一年。

② Actio Serviana，共和国末期或帝国初期一个名叫塞尔维的大法官首创的对物诉讼。

人为占有佃户用以担保交付佃租而提供的物而提起的诉讼；准塞尔维之诉是债权人就质物或抵押物而提起的诉讼。这种诉权在质权与抵押之间不作出任何区别，因为这两个名词在债权人和债务人之间约定以物作为保证债务之用时是通用的。但在其他场合，它们是有区别的。质物这一名词正确地适用于作担保而同时交付债权人的物，尤其是动产；至于根据约定以某物作担保而无须交付的，称作抵押。

8. 大法官又行使其职权实施了一些对人的诉讼，例如规定前债支付期日之诉，它与接受前债支付期日之诉极相类似。[①] 但是由于后者所具有的一切长处，根据本皇帝宪令，都已归属前者，所以后者已丧失效用而从我们法律中消失了。此外大法官又实施关于奴隶和家子特有财产的诉讼，关于审讯原告已否宣誓的诉讼[②]，以及其他等等。

9. 前债支付期日之诉得对任何为自己或他人承诺支付的人提起之，无须要式口约，因为如果他向口约者作出承诺，他便应根据市民法负责了。

10. 大法官又准许对父亲或主人提起关于特有财产的诉讼，

① 从事钱庄业务的人称 argentarius。债务人往往把他的债权人带到与他有往来的钱庄，由钱庄即时向债权人支付，或由它同债权人约定支付期日。这一约定不需要具备要式口约或文书契约的方式；它对钱庄有拘束力，据以产生的诉权，称接受前债支付期日之诉。这是市民法诉权，只用于钱庄业务。随后，大法官比照这一办法，规定遇当事人无论其一方是否钱庄，就业已存在的债务订定支付期日而成立约定时，这一单纯约定也产生诉权，称规定前债支付期日之诉，这是大法官诉权。到了查士丁尼帝时代，前者统一于后者。

② 见以下第 11 段。

因为虽然根据市民法，他们对于儿子或奴隶所缔结的契约不负责任，但是根据公平原则，他们应在特有财产——这是子女和奴隶的财产——限度内负责。

11. 同样，如果某人在对方提出时宣誓声称对方确实对他负债如他所诉请的，且未清偿，大法官即赋予他诉权，这是很公正的，在这一诉讼中，应审讯的事项，并不是债权是否存在，而是原告已否宣誓。[①]

12. 大法官依其职权又实施了一大批刑事诉讼，例如对毁损大法官告示牌的人，对未事先获得许可而向法院告其父亲或保护人的人，对用暴力或用欺诈手段使第三者带走法院所传唤者的人所提起的诉讼，以及许多其他诉讼。

13. 关于先决问题的诉讼视为对物诉讼，例如查明某人是生来自由人，还是被释自由人，又或查明关于嫡亲父子关系的问题。其中只有一种诉讼，即查明某人是否自由人的诉讼，是根据市民法而来，其他都源于大法官的职权。

14. 根据上述关于诉讼的区分，显然原告不能用“如果看来被告应给予”这种公式来主张属于他自己的物[②]；因为人们并无责任将属于原告所有的物给予他，以某物给予某人，意味着以物之所有权移转于某人；早已是原告的物，不可能使之更多地属于他所有。

① 当事人两造在未涉讼前，互相挑战，要求对方宣誓，以肯定他所提出的主张，例如债权人接受债务人的挑战而宣誓，说债务人确实对债权人负有债务。债权人既经宣誓，如债务人仍拒不清偿，大法官即赋予债权人诉权，称 actio de jure jurando，系事实之诉的一种；在诉讼中，审判员仅须查明是否有宣誓的事实，而不就债权本身进行调查。

② 如果原告主张物是属于他的，这是对物的诉讼，不宜采用“如果看来被告应给予”这种公式，因为这种公式仅适用于对人的诉讼。

但是为了对盗窃者表示仇恨，并使他们受制于更多种类的诉讼，经决定失主除得请求加倍或四倍之数的罚金以外，还得对盗窃者提起采用“如果看来他们应给予”这种公式的诉讼，以求回复取走之物，虽然原告同时还可以作为物主而对他们提起对物的诉讼。

15. 对物的诉讼称回复原物之诉；对人的诉讼是以请求给予某物或做某事为标的的诉讼，称请求给付之诉（condictio）。condicere 在古文中指告发而言。现在把原告主张应给予某物的这种对人的诉讼称为 condictio 是不适当的，因为今天已不存在任何告发。

16. 诉讼又可区分为下列数种：有些是为了追回其物的，有些是为了取得罚金的，还有一些是混合诉讼。

17. 一切对物的诉讼，都是为了追回其物的；至于对人的诉讼，其根据契约发生的，也几乎都是以追回其物为标的，例如原告请求偿还借款或在要式口约中指明借款的诉讼，以及使用借贷之诉、寄托之诉、委任之诉、合伙之诉、买卖之诉、租赁之诉等。如果由于骚动、火灾、塌屋或船舶遇难以物寄托他人保管，而提起寄托之诉，无疑大法官将赋予诉请寄托物加倍价值的诉权[①]，但以对恶意的受寄人本人或其继承人提出者为限，有此情形时，其诉讼是混合诉讼。

18. 根据侵权行为发生的诉讼，有时只是为了取得罚金[②]，有

① 此处所述，系在危急中所为的寄托。对于企图乘人之危而进行讹诈的，法律规定加重其责任。

② 不是指刑法上的罚金，而是为原告个人的利益所给付的罚金，因此追求罚金之诉不得与刑事追诉相混淆。

时除了罚金外，并要求追回该物，因而是混合的诉讼。但是提起盗窃之诉，目的只是取得罚金；因为不论是四倍，如属于现行盗窃，或是加倍，如属于非现行盗窃，总之都是罚金。至于被盗窃物本身，失主对被窃物占有人，不论是窃取者本人或其他人，都可以主张自己是所有人而另外起诉追回。除此之外，还可对窃取者提起请求返还其物之诉。

19. 对抢劫者的诉讼是混合诉讼，因为四倍之数已将追回原物包括在内，因而罚金只是三倍。又亚奎里法中规定的不法损害财产之诉，也是混合诉讼，不但对矢口否认责任的人要求加倍给付时如此，而且有时只要求单价也是如此。例如某人杀害在死亡时跛足或瞎一眼的奴隶，但在死前一年内他曾经是健全而有极大价值的，根据以上所述，加害人将被判按该奴隶过去一年内所值的最高价支付。又凡应交付遗给神圣教堂或其他崇敬场地的遗赠物或信托遗给物的人，因迟延给付而终于被人控告的，对他提出的这种诉讼同样是混合的。因为在这种情形下，他将被勒令给付该物或所遗给的金额，并且另加一倍作为罚金，结果是他被判加倍给付。

20. 还有一些诉讼看来具有既是对物的又是对人的混合性质，如为分割遗产而发生于共同继承人之间的遗产分割之诉；为分割共有物而发生于合伙人之间的共有物分割之诉，不论该物根据哪种原因而为他们所共有；发生于毗连土地所有人之间的地界调整之诉等。在上述三种诉讼中，审判员得根据公平原则，将某物判给当事人任何一方，如其所得超过应有的部分者，可判令其向他方当事人支付一定金额。

21. 一切诉讼，其标的或是单价，或是加倍、三倍、四倍，但从不超出四倍。

22. 请求给付单价的诉讼例如根据要式口约、根据消费借贷契约、根据买卖、租赁、委任和许多其他原因发生的诉讼。

23. 请求加倍给付的诉讼，有非现行盗窃之诉，亚奎里法中规定的不法损害财产之诉，以及在某些情况下的寄托之诉对某些人提起的腐蚀奴隶之诉也属于这一类，这些人曾诱导怂恿他人的奴隶，使其逃亡，不服从其主人，或开始生活腐化，总之是变坏了，在这一诉讼中应将奴隶逃亡时卷走之物估计在内。最后还有关于拒不给付对崇敬场地遗赠之诉，这一点上面已经谈到。

24. 请求给付三倍的诉讼，例如某人在起诉书中夸大债务数字，以致执达员，即诉讼案件的执行人，据以收取更大的费用；有此情形时，被告得就其所受损害，请求原告以三倍之数偿还，这三倍之数包括原来损害之数在内。这就是辑入朕所编《法典》中的一个宪令所规定的；毫无疑问，得据此提出请求返还之诉。

25. 请求给付四倍的诉讼，如现行盗窃之诉，基于胁迫之诉，和关于行贿使他人进行或放弃毫无理由争讼的诉讼等都是。对于违反宪令规定而要求被告给付任何费用的执达员按本皇帝宪令所提起的法定对人之诉，也是请求四倍的诉讼。

26. 但非现行盗窃之诉和腐蚀奴隶之诉与上列同类其他诉讼不同，因为这两种诉讼，总是以加倍之数为其标的。至于其他诉讼，即亚奎里法中规定的不法损害财产之诉，以及寄托之诉，仅在被告矢口否认的情况下，其标的才以加倍计算；如其直认不讳，所能请求的标的只能以单价计。关于遗给崇敬场地之物的诉讼，不仅在被告矢口否认的情况下，而且在债务人迟延给付以致长官下令对他控告的情况下，其标的均一律加倍。但若被告承认债务，而在下令对他控告之前已经给付，则请求标的只能以单价计。

27. 同样，基于胁迫之诉也与上列同类其他诉讼有区别；前者按其性质含有默示规定，即若被告服从审判员命令而将原物返还原告者，应予开释；至于其他诉讼则不然，被告将始终被判给付四倍，如现行盗窃之诉便是如此。

28. 又某些诉权是善意诉权，另一些是严格法诉权。[①] 属于善意诉权的：根据买卖、租赁、无因管理、委任、寄托、合伙、监护、使用借贷、质押、遗产分割和共有物分割等产生的诉讼，由于定价寄售或互易发生的特定词句之诉，以及请求继承遗产之诉。关于请求继承遗产之诉，应否列入善意诉权一类，直到最近尚不确定，本皇帝宪令作了明确肯定的规定。

29. 妻的嫁资返还之诉过去也属于善意诉权一类。由于发觉要式口约之诉更为有利，朕就把过去妻之嫁资返还之诉所具有的一切效力，加以区别，移转于以请求返还嫁资为标的的要式口约之诉。现在妻的嫁资返还之诉既经废止，取代它的要式口约之诉当然具有善意诉权的性质，但仅以请求返还嫁资而提起的为限。朕又赋予妻子默认抵押权，但只有在她本人诉请返还嫁资时，她才列于一切抵押权人之先而接受清偿，因为朕只是为了妻子本人才赋予这种优先权的。

---

① 关于严格法诉权，例如要式口约之诉，遗嘱之诉等，审判员的裁量权非常有限。关于善意诉权，公式中诉讼标的的部分总是标明“根据善意”等字样，因而审判员享有更大的裁量权，以作出公正合理的裁判，例如他可以考虑被告临时提出的欺诈抗辩，有更大自由估计被告应支付的金额，也可以进行抵消。

30. 一切善意诉权的诉讼中，审判员享有全权根据公平原则决定应返还原告之数。因此如原告也对被告负有债务，审判员应进行抵消，而只判令被告支付差额。甚至关于严格法诉权，玛尔库帝的批复也准许被告提出欺诈抗辩，主张抵消。本皇帝宪令更进一步推广被告显然有债权情况下的抵消，现在不论是对物的诉讼或对人的诉讼或任何其他诉讼，起诉标的均依法缩减，唯有寄托之诉除外，因为朕认为在寄托的情形下主张抵消是十分不相宜的，否则，寄托人将由于被告借口抵消，而无法请求返还寄托物。

31. 另有一些专凭审判员的裁量的诉权，称为裁判诉权。[①] 在这种诉讼中，如被告不遵照审判员的裁断使原告得到满足，例如返还、提出或给付其物，或交出造成损害的奴隶，就应对被告作出不利的判决。这类诉讼有对物的诉讼，也有对人的诉讼。对物的，例如普布里奇之诉，关于佃户财物的塞尔维之诉，以及准塞尔维之诉，亦称抵押诉权；对人的，例如基于胁迫或欺诈之诉，以及为了请求业经承诺在特定地点给付某物的诉讼。原物提出之诉也全凭审判员的裁量决定。所有上述这些诉讼以及其他相似的诉讼中，审判员可根据公平原则，并斟酌案件具体情况，裁断原告所应得到的满足。

32. 审判员应尽量注意，其判决所给予的为确定金额或特定物，即使起诉所提出的数字或物是不确定的。

① Actio arbitraria，审判员得在判决前，根据裁断权，以命令方式，令被告在一定期间满足原告的要求；如被告服从命令，审判员应将其开释，否则应判令支付一定金额。对物的诉讼都是裁断诉讼，因为原告照例不占有争执物；如果他的法律主张成立，审判员可以命令被告返还其物，如不返还，判令被告支付一定金额。

33. 过去，如原告请求的标的超过其所应得的，即遭败诉，就是丧失其权利，并且很难由大法官恢复其权利，除非原告是年在25岁以下的未成年人。因为在这种情况下，正如在其他情况一样，如果查明原告是由于其年轻而犯错误通常都给予救助。但如使其犯错误的原因，甚至可使最谨慎小心的人也不免弄错，那么对年满25岁以上的人，也应予以救助。例如，受遗赠人请求给付全部遗赠，事后发现有遗嘱附录，其中载明撤销遗赠的一部或载明其他遗赠，结果原告所请求的，显然超过了四分之三，即发尔企弟法[①]对于遗赠所规定的限度。请求超过其所应得的，有四种情况，涉及标的物、时间、地点或条件不等。就标的物而论，例如某人应得十个金币，而请求二十个；或仅享有一部分所有权，而竟请求全部或超过其应有部分。就时间而论，例如某人在期日前或在条件成就前提出请求；因为正如迟延清偿应认为给付少于其所应给付的一样，债务未到清偿期而请求给付，应认为请求超过其所应得的。就地点而论，某人口约指明在特定地点向他给付，而他竟在其他地点请求，且未提到口约指明的特定地点，例如他在口约中这样说："你承诺在埃斐苏斯给付吗？"而以后竟在罗马起诉，单是请求被告向他给付。有此情形时，原告的请求，超过其所应得，因为由于他的单纯请求，承诺者丧失了他对于在埃斐苏斯给付可能具有的利益。因此之故，请求在其他地点给付的，赋予裁断诉权，在诉讼中，应考虑到承诺者对于在约定地点给付所具有的利益。如系关于各种商品的诉讼，这种利益往往相当大，例如酒、油和小麦等，

① 见本《法学阶梯》，2.22。

各地价格不一；甚至金钱也不是到处依同一利率出借的。但若某人在埃斐苏斯，即在他指明向他给付的地点提出请求，他的请求并不提及以前约定给付的地点是正当而合法的。大法官早已指出这一点，因为承诺者对于在特定地点给付所具有的一切利益，已经得到了保证。就条件而论，请求超过其所应得的情形与在地点上的情形极相近似。例如某人向你口约："你承诺把奴隶斯提赫或十个金币给我吗?"可是以后他单纯请求给予奴隶，或单纯请求给予十个金币。有此情形时，其请求视为超过其所应得，因为根据这一要式口约，承诺者有权选择给予金钱或奴隶。因此，如原告单纯诉请给予金钱，或单纯诉请给予奴隶，他就剥夺了对方的选择权，从而使自己的条件改善，对方的条件恶化。正因为如此，产生了一种诉讼，原告诉请给予奴隶斯提赫或金钱，即作出与要式口约相应的表述而提出其请求。除此之外，如在要式口约中一般地指明奴隶、酒或绯丝，而原告以后竟特别指定要求给予名叫斯提赫的奴隶，康帕尼亚的酒或提尔绯丝，其请求应认为超过其所应得，因为他剥夺了对方的选择权，而对方根据要式口约是有权以不同于所请求之物为给付的。即使原告所请求的是最不值钱的，仍应认为请求超过其所应得的，因为承诺者有时觉得给付价值更高的物，更为便利。以上是过去的法律。但是随后日诺帝和本皇帝的宪令设定了更严格的限制。如所请求的在时间上超过其所应得时，应依圣明的日诺帝的宪令办理；如在数量上或其他方面提出超过其所应得的请求，例如使对方多付了执达员的费用，应按上述判令原告给付三倍于损失的罚金。

34. 如原告的诉讼请求，少于他所应得的，例如他应得十个金币，而只请求五个，或全部土地属于他所有，而他只主张其一半是属于他的，他这样做，不担风险，因为审判员会在同一诉讼中根据圣明的日诺帝宪令判令被告给付属于原告的其余部分。

35. 如原告请求这一物，而他应请求另一物的，亦无风险。因当他发现错误时，得在同一诉讼中纠正之，例如他应请求给予的是奴隶斯提赫，却请求给予埃罗斯；或他根据遗嘱请求给付，而其实他应根据要式口约请求。

36. 此外，还有一些诉讼，我们不一定请求所应得的全部，而有时请求全部，有时少于全部。例如关于儿子或奴隶的特有财产的诉讼，如特有财产不少于所请求的金额，应判令其父或主人给付全部，如少于所请求的金额，审判员应在特有财产限度内判令给付。特有财产的估计，将在以下有关篇目说明。

37. 又如妻子提起的请求返还嫁资之诉，必须判令丈夫尽力之所及，即在其财力范围内给付。因此，如丈夫的财力足以补偿全部嫁资，应判令他给付全部，否则应根据其支付能力而判令给付。妻子所提出的返还嫁资的请求，得因丈夫享有留置权而缩减，因为丈夫得留置相当于他就嫁资所支出的费用的金额。这是因为法律规定嫁资由于必要费用而当然减少的缘故，详情阅读《学说汇纂》自明。

38. 又如对尊亲属或对保护人起诉，或一合伙人对另一合伙人起诉，原告所能获得的，应不超过对方支付能力的限度。对赠与人诉请实行赠与时亦同。

39. 又被告主张抵消时，结果原告往往获得少于其所请求而应得者。因为审判员根据公平原则，得考虑到原告方面在同类情况下也应给付的，而只判令被告支付差额，已如上述。[①]

40. 又如债务人已将其财产全部让与债权人，以后又另有收入，债权人得对他提起新的诉讼，请求给付，但以不超过其支付能力为限，因为判令已丧失全部财产的人支付全部金额，实在不合人道。

第七篇　处在他人权力下的人所缔结的契约

上面已经谈到关于家子或奴隶的特有财产的诉权，现在必须更详尽地探讨这种诉权，以及为了家子或奴隶的事由而对家长或主人所提起的其他诉讼。[②] 由于与奴隶所缔结的契约，其法律原则同样适用于与在家长权力下的人所缔结的契约，为免冗长重复起见，我们只探讨奴隶与主人，所述关于奴隶与主人种种，应了解为同样适用于儿子和对他们行使权力的家长。如有专门适用于儿子和家长之处，将分别指明。

1. 如某人与奉主人之命的奴隶缔结契约，大法官准许其对主人享有诉权，请求给付全部债务，因为在这种情况下，与奴隶缔约的人信赖主人的信用。

① 见以上第30段。

② 严格根据市民法，家长不因为在其权力下的家子或奴隶的行为而负责。但这不总是合乎公平之道的，于是逐渐产生了对于这一原则的许多例外，不论有关契约或准契约债务，和侵权行为或准侵权行为债务。本篇论述奴隶或家子的契约或准契约债务问题，下篇处理他们的侵权行为或准侵权行为债务问题。

2. 大法官又基于同一理由实施其他两种诉权，都以请求给付全部债务为标的，其中一种称船长之诉，另一种称经理之诉。当某人使用他的奴隶为船长，而奴隶在其经管事务范围内与人缔约时，基于这种契约产生对主人的船长之诉；其所以称船长之诉者，因为船舶日常利益所归属的那个人称船长。当某人使用他的奴隶经管商店或任何其他营业，而奴隶在其经管事务范围内与人缔约时，基于这种契约产生对主人的经理之诉；其所以称经理之诉者，因为担任经管营业的人称经理。任何人把船舶、商店或任何其他营业交自由人或他人的奴隶经管的，大法官也准许对他提起这两种诉权，因为在这种情况下，公平原则是相同的。

3. 大法官又实施另一种诉权，称分配之诉。如果奴隶在其主人明知的情况下，利用他的特有财产经商，而在经商活动中缔结契约，大法官命令以全部货款按请求标的的比例分配于他的主人——如对主人应有所给付的话——和其他债权人。但是因为作此分配的是主人，所以债权人如嫌其分配不公，所得太少，得对主人起诉，称分配之诉。

4. 此外，大法官又实施关于特有财产和主人利得的诉权，因此，虽然奴隶未得主人的同意而订约，但如主人因而获得利益的，仍应按其全部利得负责，如其并未获得利益，则在不超过奴隶特有财产的限度内负责。凡奴隶为主人所支出的必要费用，一律认为对主人有利，例如奴隶借债以清偿主人的债务，或修缮将倒塌的房屋，或购买家人的口粮，或为主人购买土地和其他必要物品等。因此，例如你的奴隶向铁提告借十个金币，以其中五个金币清偿你的债务，其余五个金币他自己以不论哪种方式花费了，有此情形时，你将被判支付所得全部利益五个金币，并在特有财产限度内支付其余五个金币。由此可见，如果全部十个金币都是为了你的利益花费的，铁提得向你请求支付全部十个金币。虽然原告以同一诉讼谋求获得特有财产和主人所得利益之数，但是这一诉讼包括两个判决。因此受理这一诉讼的审判员，首先审查主人是否获得利益，如认定主人未获利益，或仅获得一部分利益，然后进行估计特有财产，在估计特有财产的价值时，应先扣除奴隶对主人或在主人权力下的任何人所应给付之数，其余额才视为特有财产。但有时不先扣除奴隶对在主人权力下的人的负债，例如该人是属于奴隶特有财产的一部的情况，这就是说，奴隶向他的附属奴隶的负债，不得从特有财产中扣除。

5. 此外，毫无疑问，与奉主人之命的奴隶缔结契约而有权提起船长之诉和经理之诉的人，也可以提起关于特有财产和主人利得之诉。但若他放弃本可很容易获得全部清偿的诉权，反而采取另一种诉权，而在行使这种诉权时，他必须证明主人的确从奴隶的订约中获得利益，或证明奴隶确有特有财产，而且足以清偿全部债务，这等于自寻麻烦，非常愚蠢。又有权提起分配之诉的人，也可以提起关于特有财产和主人利得之诉；有时前者有时后者对他更为有利。分配之诉之所以对他更为有利，因为在这一诉讼中主人不享有任何特殊权利，即主人所应得者不首先扣除，主人与其他债权人处于同等地位。至于特有财产之诉，审判员应先从特有财产中扣除对主人的负债，而仅就余额判令主人向债权人清偿。另一方面，在有些情况下提起特有财产之诉之所以对原告更为有利，乃是因为这种诉讼涉及全部特有财产，而分配之诉仅涉及用于经商部分的特有财产。很可能奴隶只利用其特有财产的三分之一或四分之一，甚至极小部分经商，而大部分特有财产则是土地、奴隶或附有利息的贷款。因此，原告应选择看来对其最为有利的一种诉权。当然，如能证明主人获得利益，债权人就应提起关于主人利得之诉。①

6. 以上所述关于奴隶和主人的种种规定，同样适用于子女或孙子女和对他们行使家长权的父亲或祖父。

7. 但是关于子女，有一条特别规定，即马其顿元老院决议②规定禁止贷款给处在家长权力下的人，并拒绝赋予债权人任何诉权，以向卑亲属追诉，不论其是仍处在家长权力下，或已因家长死亡或被解除家长权而成为自权者，或向家长追诉，不论家长还保持自己对他们的权力或已解除对他们的家长权。元老院所以作出这一决议，因为处在权力下的人，如果生活腐化，负债累累，往往就要谋害他们的家长。

8. 最后必须指出，对奉家长或主人之命所缔结的契约，或为他们的利益而缔结的契约，债权人得直接对家长或主人提起请求给付之诉，如同契约最初是与他们缔结的一样。因此，可以提起船长之诉或经理之诉的人也可以直接提起请求给付之诉，因为在这种情况下，契约也是认为奉家长或主人之命而缔结的。

① 因为他可以获得全部债务的清偿。

② 公元1世纪元老院通过。

第八篇　交出加害人之诉

奴隶犯有不法行为时，不论是盗窃、抢劫、造成财产上损害或实施人身伤害都产生交出加害人之诉；受不利判决的主人得支付被判的损害赔偿，或把作为加害人的奴隶交出。

1. “加害人”是造成损害的主体，即奴隶；“害”指不法行为本身，例如盗窃、财产上损害、暴力抢劫、人身伤害。

2. 容许主人交出犯法的奴隶，是根据极正当的理由；因为如果奴隶的不法行为能使主人蒙受比丧失奴隶本身更大的损害，是很不公平的。

3. 主人由于奴隶的不法行为而在交出加害人之诉中被追诉，得向原告交出奴隶，从而免除自己的责任。有此情形时，主人对奴隶的所有权永远移转于他人。但若奴隶能以金钱对受领交出奴隶的人赔偿其所受的全部损害，他将在大法官的干预下获得释放，即使这与新主人的意愿相违背。

4. 交出加害人之诉，有规定在法律中的，有规定在大法官告示中的。规定在法律中的，如盗窃之诉，规定在十二表法中，不法损害赔偿之诉规定在亚奎里法中；其规定在大法官告示中的，如人身伤害之诉和暴力抢劫之诉。

5. 任何交出加害人之诉以奴隶为依归。如你的奴隶犯下不法行为，只要他处在你的权力下，人们就对你起诉；如改处于他人权力下，则对新主人起诉。如已获释，应直接对他起诉，从而交出作为加害者奴隶的可能也消失了。反之，原先是直接的起诉得变成交出加害人之诉:例如自由人犯有不法行为,随后成为你的奴隶(这在某种情况下可能发生,详见第一卷),原先直接对自由人的起诉,这时就变成为对你的交出加害人之诉了。

6. 奴隶对他的主人犯有不法行为时,不发生任何诉权,因为在主人与处在主人权力下的人之间,不可能发生任何债务,即使奴隶改处于他人权力下或已获释放,仍不得对他或对现在保持奴隶在自己权力下的人起诉。由此可见,他人的奴隶在对你犯有不法行为之后成为你的奴隶时,诉权就消失,因为此时出现了不可能发生这种诉权的情况。纵使以后他又脱离了你的权力,你仍不得起诉。主人如以任何方式伤害奴隶,以后奴隶获得释放或改处于他人的权力下,也不得对主人起诉。

7. 古人甚至将上述规则同样适用于处在父亲权力下的子女。但是后人正确地认为这种办法过于严峻,因此全部予以废止。因为谁能忍受把自己的儿子,尤其女儿,作为加害人而向他人交出呢?因为父亲由于儿子的遭遇,比儿子本人更加感觉痛苦,至于廉耻观念更不容许以这种办法对待女儿。因此经决定交出加害人之诉只能适用于奴隶,我们发现古时法律学家也常谈到家子有不法行为时得直接对他起诉。

第九篇　四脚动物造成的损害

如非理性动物由于冲动、激怒或凶猛而造成损害的,根据十二表法,产生交出加害者之诉。例如马以足踢,牛以角触造成的损害。如交出动物以赔偿损害,主人即免除责任,十二表法就是这样规定的。但是这种诉权只有在动物违背其本性行动时才有发生可能；对于烈性动物，不适用这种诉权。因此，如有一头熊从其主人处脱逃而造成损害，不得对主人起诉，因为主人于野兽逃窜后，即不再成为野兽的主人。动物造成的损害，指无不法意图造成的损害，因为无理性动物，不能说具有不法意图。以上是关于交出加害者之诉。

1. 此外必须指出，市政官的告示禁止任何人在公共道路附近养狗、公猪、野猪、熊或狮。如有违背禁令因而对自由人造成损害的，得由审判员裁断，对动物的主人作出判决；如造成任何其他损害，则判令加倍赔偿。除发生市政官的诉权外，还可对主人提起动物造成的损害之诉，因为基于同一原因的几种诉权——尤其是刑事罚金诉权——均不因提起一种诉讼即妨害提起他种诉讼。

第十篇　有权起诉的人

必须指出，任何人得以自己名义或以他人名义起诉。例如事务管理人、监护人或保佐人等都是以他人名义起诉的。但是过去惯例，除非为人民、为自由，为受监护人的利益，否则不准以他人名义起诉。随后，霍斯提里法准许以被敌人俘虏的人、因国事外出的人或在起诉人监护下的人的名义提起盗窃之诉。但是由于不得以他人的名义起诉或应诉极为不便，所以逐渐实行由事务经管人代为诉讼行为。因为疾病、老年、不可避免的长途旅行和其他许多原因,往往都会阻碍人们亲自料理本身的事务。①

1. 指定事务经管人无须使用特定词句,不需要当对方的面指定之,而且往往为对方所不知。凡是得你准许为你起诉或应诉的人,都视为你的事务经管人。

2. 监护人和保佐人的指定,详见第一卷。

第十一篇　诉讼担保

古代采用一种提供担保的制度,近代惯例实施了另一种提供担保的制度。过去,一切对物之诉,占有人必须提供担保,如其败诉而不返还其物,也不偿还估定的价值,原告有权对他本人或对保证人起诉。这种提供担保称为"按所判决的清偿"。其所以如此称谓,不难理解,因为原告总是提问指明对方应按所判决的向他清偿。在对物的诉讼中,应诉者如果是以他人名义应诉的,则更应提供担保。至于提起对物之诉的一方,如系原告本人并用自己名义,即无须提供担保;但起诉者如系事务经管人,则应提供担保,以保证其行为将获得本人的追认;以免本人又一次就同一事由起诉。大法官告示规定监护人和保佐人应像事务经管人那样提供担保,

① 罗马法的古老原则是,一切法律行为必须当事人为之,不得代理。显然,起诉或应诉也不能代理。随着时间推移,严格的形式主义逐渐退化,法律准许原告或被告找人代理,称 cognitor,但必须在大法官前当对方的面完成必要手续。以后适用委任原则,受任人或事务经管人可以自己名义起诉(或应诉),因此对方有理由要求他提供担保。最后,事务经管人的地位终于相同于 cognitor 的地位,诉讼行为直接对本人发生效力;而且事务经管人的指定,不需要表述特定词句,完成必要手续,这就与过去指定 cognitor 的办法不同了。

但如果他们是原告的话，有时就免除提供担保。这就是已往关于对物之诉的惯常做法。

1. 上述关于对物之诉的规定，同样适用子对人之诉的原告方面。至于被告，如以他人的名义应诉，无论如何应提供担保，如不提供担保，任何人不得为他人应诉。但在对人之诉中以自己名义应诉的，无须提供担保以保证按判决清偿。

2. 今天的做法则不同，不论对物之诉或对人之诉，以自己名义应诉的，无须就诉讼标的物价值提供担保，而仅须保证在法院审理中亲自到场并遵从判决，一直到诉讼终结为止。保证这一点，可以采取宣誓许诺的方式，称宣誓保证；也可以采取单纯许诺或提供担保的方式，视其人的身份而定。

3. 如果事务经管人作为原告提起诉讼或承受诉讼，如果委任书未经提出备案，而诉讼当事人亦不亲自到庭证实业已指定事务经管人，事务经管人必须提供担保，以保证其行为将获得本人的追认。监护人、保佐人或任何担任管理他人事务的人通过第三人提起诉讼时，上述规则同样适用。

4. 如系被告而愿当场指定事务经管人者，得亲自到庭，采用要式口约的庄严方式提供担保，以保证按判决清偿，从而确认事务经管人的职权，或在诉讼外提供担保，使自己成为事务经管人的保证人，以保证履行有关判决条款的清偿。不论他在诉讼上或诉讼外承诺担保，他应以其全部财产作为抵押，从而不但他本人而且他的继承人同受债务的拘束。此外，他必须提供担保，以保证在宣告判决时亲自到场，如不到场，应由保证人给付判决中载明的一切；至于不服判决，提起上诉的，则又当别论。

5. 如果被告不论由于何种原因不到场，他人愿承受诉讼为其辩护的，无论是对物之诉或对人之诉，他都可以这样做，但必须就诉讼标的价值限度内提供担保，以保证按判决清偿；因为根据上面提到的古时法律规则，如不提供担保，任何人不得为他人应诉。

6. 以上种种，都可以在法院日常诉讼可作为判例的案件中了解得更清楚和更完备。

7. 上述各种规则，不仅应在我们帝都而且应在全部外省施行，尽管在外省由于不了解现在可能采用其他的惯例，因为全部外省应一律遵守我们国家首府，即我们帝都的规范。

第十二篇　永久性的和有时间性的诉权以及对继承人行使或由继承人继承的诉权

这里必须指出，根据法律、元老院决议或皇帝宪令的诉权，从前可以无限期地永久行使；到了后来，皇帝宪令才对于不论对物的诉权或对人的诉权，都规定了期限。出于大法官职权的诉权，其中大部分有效期限为一年，因为大法官的任期是一年。虽然如此，有时这些诉权仍然是永久性的。这就是说，其有效期直到宪令所规定的期限为止，例如赋予遗产占有人和其他处于继承人地位的人的诉权。现行盗窃之诉，虽然来源于大法官职权，但也是永久性的，因为限定这种诉权的效力于一年以内是荒谬的。

1. 并非一切可对某人行使的诉权，不论是根据法律，或是由大法官赋予的，都可以对他的继承人行使。不变的法律定则是：不法行为所发生的罚金诉权，例如关于盗窃、抢劫、人身伤害和财产上损害等诉权，不得对加害人的继承人行使。但是这种诉权得由继承人继承，且不得予以否认，侵害之诉和其他类似之诉除外。有时根据契约发生的诉权也不得对继承人行使，例如遗嘱人有欺诈行为，然而他的继承人却并未因这种欺诈行为得到利益。至于上述罚金诉权，如经当事人开始提起诉讼，即可对继承人行使或由继承人继承。

2. 此外，还应指出，如在判决前，被告满足了原告的要求，审判员应将被告开脱，尽管在审判员开始审理时，显然将作出对被告不利的判决。过去人们常说在任何诉讼案件中，被告都有获得开脱的可能，就是这个意思。

第十三篇　抗辩

接下来应该谈抗辩。抗辩是赋予被告的一种辩护手段。因为往往会发生这种情形，即原告所提起的诉讼本身是有合法根据的，但是对被告说来是不公平的。[①]

1. 例如，你因被胁迫、欺诈或由于错误对铁提的口约予以承诺，其实你并不应承诺，根据市民法，显然你仍受债务的拘束，而且对方得对你提起有效的诉讼，主张你应给付。但是对你作出不利的判决是不公平的；因此为驳回原诉，你有权提出基于胁迫或欺诈

① 大法官在听取被告的陈述以后，如认为有根据，即在公式中加上抗辩部分。有时根据诉权的性质，例如善意诉权，大法官无须在公式中就被告提出的抗辩对审判员作出指示，审判员根据公式中“根据善意”字样，得考虑被告临时提出的抗辩（见以上第220页，注①）。

的抗辩，或基于事实的抗辩。

2. 如果某人借钱给你，以要式口约指明你应向他偿还一定金额，但事实上他没有给你借款；有此情形时，他当然可以请求你偿还一定金额，因为你受要式口约的拘束。但是根据这一点而对你作出不利的判决是不公平的，经决定你有权提出未付借款的抗辩，作为辩护，这一抗辩的有效期限曾经本皇帝宪令予以缩短，已如前卷所述。

3. 又如债务人与债权人于前债成立后约定债权人不得向债务人请求给付，债务人依然负有债务，因为约定并非总是消灭债务的一种方式。原告以“如果看来他应给予”表述其请求标的的起诉依然是有效的。但是违反约定而对债务人作出不利的判决是不公平的；他得提出既成约定的抗辩作为他的辩护。

4. 同样，如债务人在债权人要求下宣誓，肯定自己无任何给付义务，他依然负有债务；但调查其伪誓是不公平的，所以他得提出基于宣誓的抗辩，作为辩护。在对物之诉中，这些抗辩也同样是必要的，例如占有人在原告要求下宣誓称，其物属于自己所有，可是原告不顾一切，仍坚持进行对物之诉，虽然他所请求的可能有合法根据，但是对占有人作出不利的判决是不公平的。

5. 又如某人对你所提起的对物之诉或对人之诉，业经判决；虽然如此，根据严格的法律，他以后仍可就同一物对你起诉，但是你有权提出基于确定判决的抗辩，作为辩护。

6. 上述各例，足以说明各种抗辩。至于有多少种不同的原因促使有必要成立抗辩，可参阅更详尽的《学说汇纂》自明。

7. 这些抗辩有一些是根据法律或其他具有法律的效力的立

法文件，另一些是来源于大法官的职权。

8. 此外，有些抗辩是永久性的，具有消灭诉权的作用；有些是暂时性的，起延缓的作用。

9. 永久性的和具有消灭诉权作用的抗辩永远可以对原告提出，而且永远消灭其请求原因，例如欺诈抗辩，以及基于胁迫和既成约定——即约定根本不得请求支付——等抗辩。

10. 暂时性的和起延缓作用的抗辩，仅在一定期间阻碍原告提起请求，从而起延缓作用，例如约定订明不得在一定期间，例如五年内起诉而发生的既成约定的抗辩。一旦期间届满，原告将不受任何阻碍，可以提起诉讼。因此，企图在期间内起诉的，经对方提出既成约定的抗辩或其他类似抗辩后，必须把诉讼推迟，以待期间届满后起诉。正因为如此，这些抗辩就称为延缓作用的抗辩。如原告在期间内起诉，而遇对方提出抗辩，由于抗辩的缘故，原告从这一诉讼中自将一无所得。过去，甚至在期间届满后，他也不得再起诉；他既鲁莽地向法院起诉而告失败，他就丧失了他的请求权。但是今天朕不愿意作如此严格的规定。凡在约定期限前或在债务未届清偿期前起诉的，应对他适用日诺帝[①]的宪令，这一宪令是这位行使立法权的皇帝所颁行的，规定了关于在时间上请求超过其所应得的问题。因此，如原告不遵守期限，不论这一期限是他自愿给予的，或是根据诉讼的性质而来的，遭受这种不法侵害的一方，可以享有加倍期限；即使期限届满，如他未获得全部偿还前次诉讼中所支出的费用，他也无应诉的义务。给予这样重的罚金是

① 见本《法学阶梯》，4.6.33。

要使原告受到这种处罚的警戒，而在起诉上恪守期限。

11. 此外，还有因人的关系而产生的起延缓作用的抗辩，例如对事务经管人提出的抗辩，如原告通过军人或妇女的起诉，因为军人不能担任事务经管人，即使根据皇帝的批复也不得担任哪怕是他父母或妻子的事务经管人；但他们可以料理本身的事务，这与纪律不相抵触。至于过去，人们由于事务经管人的指定者或由于事务经管人本人名声丑恶，也可以对事务经管人提出抗辩，但在实践中现已不再采用，因此朕命令把这些抗辩废除，以免就这一点引起争论，而拖延诉讼的进行。

第十四篇　答辩

有时有这种情况，即抗辩初看是正当的，其实是不公平的。在这种场合，为了保护原告起见，有必要让他再次表明他的主张，称为答辩，通过答辩，推翻和消除抗辩所根据的权利。例如债权人同债务人约定，不向债务人请求给付，随后又同他缔结相反的约定，即债权人得为此请求。现在债权人提起了诉讼，债务人提出抗辩，主张只有在债权人并未同他成立不向他请求给付的约定的情况下，他才应受不利的判决。因此，这一抗辩阻碍债权人提起诉讼。他们的确有这样的约定，而且这个约定仍然成立，尽管随后又成立了相反的约定。但是驳回债权人的请求是不公平的，所以允许他根据后一约定提出答辩。

1. 有时答辩本身初看是正当的，其实也是不公平的。在这种场合，为了保护被告起见，也有必要让他再次表明他的主张，称为再答辩。

2. 又如再答辩本身初看是正当的，其实由于某种原因对原告说来是不公平的，为了帮助原告，就有必要让他再有一次陈述机会，称为第三次答辩。

3. 世事纷纭，种类繁多，因此有时需要更进一步利用这些抗辩。为求更明了起见，可参阅更详尽的《学说汇纂》。

4. 赋予被告的抗辩权多半同时赋予他的保证人，这是适当的；因为向保证人提出请求，结果等于向债务人提出；因为通过委任之诉，债务人应向保证人偿还后者为前者所为的给付。正因为如此，如债权人已同被告成立约定，不向他请求给付，承担债务人债务的人当然可以同样利用这一既成约定的抗辩，如同这一约定同他本人成立的一样。可是某些抗辩，保证人无权提出。例如债务人已将其全部财产转让，在债权人对他起诉时，他可以提出“如果他不出让其财产”的抗辩，作为辩护。但是这一抗辩，保证人无权提出。这是因为对债务要求保证，其主要目的在于，如果债务人成为无支付能力者，债权人可以向保证债务的人请求清偿。

第十五篇 特别命令

现在探讨特别命令以及取代特别命令的诉讼。[①] 特别命令是大法官使用一定词句的公式用以命令做某事或禁止某事。这些特别命令主要地适用于关于占有或准占有的争讼。

1. 特别命令主要分为禁止命令、返还命令或提出命令。禁止命令是大法官用以禁止某种行为的,例如禁止对合法占有的人或把尸体运到他有权运到的地方的人使用暴力;又如禁止在神圣场地建筑,在公共河流中及其两岸土地上做某种妨碍航行的行为。返还命令是大法官用以命令返还某物的,例如,命令以继承人或占有人名义占有遗产的人把占有返还遗产占有人,或把对土地的占有返还被强行夺去占有的人。提出命令是大法官用以命令某人提出某物的,例如提出对其自由产生争讼的人,或提出保护人通知要他服务的被释自由人,或向父亲提出在他权力下的子女。有人认

① 大法官除在接任之初发布一般告示外,复得就特定当事人间的事件发布特别命令。按原文意即在当事人双方之间宣示的。特别命令的缘起,是因为某些事件是一般法令所未规定的,但依其性质,需要大法官直接加以处理。这些事件多半属于公法或宗教方面的,如保护庙宇、坟墓和公共河流的安全航行等。随后也有属于私法范围内的事件,尤其关于占有的争执,双方往往容易激动,极需公共权力加以调处。如大法官在一方请求下所发布的命令为他方所接受遵行,其事遂告结束。否则大法官赋予一方诉权,一切按照正常诉讼事件进行。自从帝国后期采用非正常程序以来,当事人可以采取这种程序达到过去大法官发布特别命令的目的,这就是正文中"取代特别命令的诉讼"一句的含义。所谓非正常的审理程序不分长官和审判员这先后两个阶段,案件由帝国官吏按行政手续直接处理。随着帝国行政日益扩张,这种程序日见推广。3世纪中叶,书面程式完全消失,结果非正常程序终于变成"正常"的了。共和制长官和审判员均被排除,全部司法人员成为帝国的官僚机构。

为，特别命令这一名词应仅适用于禁止命令，因为该词的原意是谴责、禁止。至于返还命令或提出命令，严格说来，应称命令。但是习惯上一律都称“特别命令”，因为它们是在当事人双方之间宣示的。

2. 特别命令的第二种分类是：有些是为了取得占有，有些是为了保持占有，还有一些是为了恢复占有而发出的。

3. 为了使遗产占有人取得占有而发出的特别命令称 quorum bonorum（那个人的遗产）[①]，其效用在于，强制以继承人或占有人名义占有某物而其占有已经给予他人的人，将所占有之物返还取得遗产占有的人。以继承人名义占有者指自命为继承人的人；以占有人名义占有者指无任何权利，且明知不属于自己而占有遗产中之物或全部遗产的人。之所以说这种特别命令是为了取得占有而发出的，是因为它仅用于企图初次取得某物的占有的人。如某人已取得占有，以后又丧失其占有，即不能运用这一特别命令。另一种称萨尔维安特别命令，目的也是为了取得占有，这是土地所有人对属于佃户所有之物所能运用的，该物系由佃户为保证支付佃租而向土地所有人提供作为担保的。

4. 为了保持占有而发出的特别命令有两种：“uti possidetis”（如你所占有的）和“utrubi”（两处中哪一处）。在对物的所有权发生争执时，首先应审查当事人的哪一方应认为占有人，哪一方是原告。除非首先确定占有属于哪一方，否则就无从受理有关所有权的对物之诉，因为不论法律和理性都要求有一方是占有人，另一方

① 这是根据大法官在这种令状中所表达的词句的头两个字而来。

是对占有人提出请求的人。由于占有人的地位远比提出请求的人的地位优越,所以几乎总是就占有问题本身发生热烈争执。占有的有利条件在于,即使该物不属于占有人所有,只要原告无法证明其物属于自己所有,占有人就可以保持其占有。正因为如此,遇有当事人双方的权利都不明确时,一般都判定提出请求的一方败诉。“如你所占有的”特别命令适用于土地或建筑物的占有,“两处中哪一处”的特别命令则适用于动产占有。过去,这两种特别命令的效果大不相同。关于“如你所占有的”特别命令,在发出命令时占有其物的一方占优势,只要他不是从他方那里用暴力或窃取占有,或获准一时占有;至于他是否从别人那里用暴力夺取占有,或窃取占有,或获准一时占有,都不发生影响。反之,关于“两处中哪一处”的特别命令,在过去一年内大部分时间占有其物者占优势,只要他不是从他方那里用暴力或窃取占有,或获准一时占有。但是今天的情况则不同。以占有而论,两种特别命令具有同样效果,不论是动产或不动产,只要一方不是从他方那里用暴力或窃取占有,或获准一时占有,则在诉讼时占有该物者占优势。

5. 占有不仅指本人自己占有,而且指任何人以他的名义占有,即使该人不在他的权力之下,如佃户和房屋承租人等。他也可通过受寄人或借用人而占有。这就是一般所说的某人通过他人以其名义占有而保持占有的意思。此外,还可以根据单纯的意图保持占有,这就是说,虽然他不是亲自占有,也未通过他人以他的名义占有,但只要他并无抛弃占有的意图,而是具有恢复占有的意图而与该物分离,他就应被认为始终保持其占有。至于通过谁可以取得占有，在第二卷中已详加阐述。[①] 但是根据单纯的意图，绝对不能取得占有，这一点是没有疑问的。

6. 如某人被人以暴力逐出土地或建筑物，为了恢复其占有，可对某人发出特别命令。这是基于暴力的特别命令，用以强制将其逐出的人把占有物恢复于他，即使他自己是从将其逐出的人那里用暴力或偷偷地取得占有，或获准一时占有的。[②] 但是，上面已经谈到，根据皇帝宪令，凡用暴力夺取物的，如该物属于他自己财产的一部分，他即丧失其物的所有权；如该物属于他人所有，除应返还其物外，应向受暴力侵害者支付物的价值。除此以外，凡用暴力逐出他人而夺取占有的，应根据关于公私暴力的犹里法负责。[③] 私暴力指不用武器施加暴力，公暴力则指用武器逐出他人而夺取占有。武器不仅指盾、剑和甲胄而言，还包括棍棒石头在内。

7. 特别命令的第三种分类是：有些是单纯的，有些是双重的。单纯的命令指其中一方是原告，另一方是被告，返还命令和提出命令均属之，因为要求提出或返还的一方是原告，被要求的一方是被告。至于禁止命令，则有些是单纯的，有些是双重的。单纯的，例如大法官禁止在神圣场地、公共河流或河岸上进行某事，在这里原告是不愿意某事发生的一方，被告是企图做出某事的一方；双重的，例如“如你所占有的”特别命令和“两处中哪一处”的特别命令。

① 见本《法学阶梯》，2.6。

② 在使用暴力的情况下，必须作出区别；如他方使用寻常暴力，则请求大法官发给特别命令的一方，其占有在对他方的关系上来说，必须是没有瑕疵的；如他方使用武器，大法官在一方请求下不论属于何种情况均应发给特别命令。共和国末期，连年内战，社会动荡，奴隶主阶级为了巩固本阶级的统治，遂实施这种特别命令。

③ 见本《法学阶梯》，4.18.8。

其所以称为双重的，是因为双方的地位是相等的，没有哪一方严格说来是被告或原告，其实每一方既是被告又是原告。

8. 探讨过去时代特别命令的程序和后果，在今天说来是多余的。凡是审判采取非常程序的[①]——现在一切诉讼都是如此——就没有必要发出特别命令；按这种程序进行审判不用特别命令，完全好像已根据特别命令而赋予准诉权一样。

第十六篇 对健讼者的罚则

必须指出，制定和维护法律的人向来非常注意防止人们轻率地进行诉讼，这也是朕所关心的。做到这一点的最好办法在于，有时采用罚金，有时采用庄严宣誓，有时利用害怕丧失名誉的心理来抑制原告或被告的轻举妄动。

1. 根据本皇帝宪令，所有被告都应先宣誓；除非被告首先宣誓，说他确信自己有充分理由对起诉进行反驳，他就不准作辩护性的陈述。在某些情况下，当被告矢口否认他的债务时，原告得对他诉请加倍给付，例如损害赔偿或给予崇敬场地遗赠物之诉。在另一些情况下，诉讼一开始即以超过单价为标的，例如现行盗窃之诉的标的是四倍，非现行盗窃之诉的标的是两倍。有此情形或类似情形时，不论被告否认或承认，诉讼标的总是超过单价。至于原告方面的健讼，同样受到抑制，因为根据本皇帝宪令他应作出关于诬告的宣誓。当事人双方的律师也应宣誓，这是本皇帝另一宪令所

① 见以上第240页，注①。

规定的。采用以上种种方式，目的在于替代昔日采用而业经废止的诬告诉讼，这种诉讼对原告判处诉讼标的十分之一的罚金，但事实上从未实际执行。现在已不这样做，代之以采用宣誓的办法，已如上述；另一方面，又使提起毫无根据的诉讼的人负担偿还他方所受损失和所支出费用的义务。

2. 在某些诉讼中，受到不利判决的被告成为不名誉的人，例如盗窃、抢劫、人身侵害和欺诈等诉讼便是如此；又如监护、委任、寄托等诉讼，但以正面诉讼为限，不包括反面诉讼。[①] 此外如合伙之诉，从双方说来都是正面的，因此不利的判决对任何受到这种判决的合伙人说来都是不名誉的。但是盗窃、抢劫、人身侵害和欺诈等诉讼，不仅被判败诉的人，而且与对方进行妥协的人，同样成为不名誉的人[②]；而这是正确的，因为根据侵权行为和根据契约而成为债务人二者之间存在着极大区别。

3. 在提起任何诉讼时，首先一件事是遵守大法官告示中关于传唤到庭这一部分的规定。因为无论如何必须传唤被告到庭，即接受有权审判的长官的审理。在这一部分告示中，大法官对家长和保护人，甚至对男女保护人的尊卑亲属表示这样的尊敬，以致子女和被释自由人，如不事先获得大法官的准许，即不得传唤这些人到庭。未经大法官准许而传唤他们到庭的，处以五十个索立杜斯罚金。

① 反面诉讼是对受监护人、委任人、寄托人等提起的，目的在于请求偿还监护人、受任人、受寄人等所支出之费用（参阅本《法学阶梯》，3.27.1）。

② 因为妥协等于承认犯了不法行为。

第十七篇　审判员的职权

审判员的职权尚待说明。审判员首先应注意的是只能根据法律、宪令和惯例进行审判，绝不能违反。

1. 因此，在交出加害人诉讼中，审判员如认为主人应受不利判决，必须注意作出判决如下："我判令普布里·梅维给付卢企·铁提十个金币，或交出加害人。"

2. 在对物之诉中，审判员如对请求的一方作出不利的判决，即应免除占有人的交付责任，如对占有人作出不利的判决，即应判令占有人返还该物及其孳息。但若占有人表示他无法立刻返还，而请求延期交付看来并非有意拖延，则应予宽容；但他必须指定保证人，如占有人不在宽限期间返还该物，则由保证人给付诉讼标的的价值。如系请求继承遗产，关于孳息的问题，适用上述请求返还特定物时关于孳息问题的原则。凡出于占有人的过错而未收取的孳息，如系恶意占有，在两种诉讼中的计算方法几乎相同。反之，如系善意占有，已消费和未收取的孳息，都不予计算，但在提出请求以后，出于占有人过错而未收取的孳息，或收取而已消费的孳息，都应计算在内。

3. 在原物提出之诉中，被告提出原物还不够，他还必须提出他对该物的权利证件，这就是说，原告有权受领在请求后被告立即提出该物时的权利证件。因此，尽管占有人在迟延中对于其物完成取得时效，他仍会受到不利的判决。此外，审判员还应判令他返还中间期间，即从提起原物提出之诉到判决为止这一段期间的孳息。如被告称无法立即返还，请求延长提出原物的时间，而他的请求并非有意拖延时，则应予宽容，但他必须首先对于提出原物提供担保。如果他既不奉行审判员的命令立即提出原物，又不对于以后提出原物提供担保，审判员应即判令他给付相当于原告就立即提出原物所具有的利益的数额。

4. 如系遗产分割之诉，审判员应以每一物分别判给每一继承人，如判给继承人中任何一人的部分超过其所应得的，应判令他向其他共同继承人支付一定金额，作为补偿，已如上述。同样，继承人中一人独自收取属于遗产的土地所生产的孳息，或毁损消费属于遗产一部的物时，应对他作出相同的判决。如共同继承人有两人以上时，上述这些规则同样适用。

5. 以请求分割多宗共有物为标的的共有物分割之诉亦同。如果需分割的只有一物，例如土地，而该土地便于分割，审判员应以各部分分别判给每个人；如其中一份过多，应判令取得这一份的人向他人支付一定金额，作为补偿。无法分割的物，例如奴隶或骡，应把整体判给其中一人，并判令他向他人支付一定金额，作为补偿。

6. 如系界线划分之诉，审判员应审查是否有判给划分的必要。唯有在一种情况下有此必要，那就是：如果把土地的界线划分得比以前更清楚将是有利的。有此情形时，必须把属于其中一方的一部分土地判给他方，同时应判令他方向一方支付一定金额作为补偿。在这种诉讼中，也可对以欺诈手段扰乱界线的一方，例如对偷去界石或砍倒作为界线标志的树木的人，作出不利的判决。最后，还可对违抗审判员命令而反对大量土地的人，按藐视法庭作出不利的判决。

7. 在这些诉讼中，凡被判给之物，立刻成为受判给者所有之物。

第十八篇　公诉

公诉不是因诉权而引起，它同上述其他法律补救方法也无共同之处。它们之间，在开始和进行的方式上，存在着很大区别。

1. 所以称作公诉，是因为一般说来任何一个公民都可以提起。

2. 有些公诉的性质是严重的，有些则不严重。性质严重的指有可能被判处极刑、禁用水火、流刑或矿井苦役的一些公诉。判处不名誉刑以及罚金的，也是公诉，但其性质并不严重。

3. 根据下列各法律提起的都是公诉：犹里国事法的严峻规定，适用于一切图谋危害皇帝或国家的人。其刑罚是死刑，并使其遗臭万年。

4. 关于通奸罪的犹里法[①]规定不仅对于犯通奸罪的人，而且对于同性间进行淫乱行为的人，处以死刑。同一法律处罚诱奸行为，如不用暴力而奸污处女或守节寡妇。对罪犯的科刑，如其地位高贵，则没收其财产的半数，如其地位卑贱，则处以体罚和流放。

5. 关于杀人罪的考尔乃里法[②]，规定对于杀人者或意图杀人而携带“矢箭”徘徊的人，以报复之剑刺击之。根据盖尤斯所著十二表法释义，“矢箭”一词通常指用弓弦射出之任何物，同时也指一切用手投掷之物。因此石子、木头、铁器等都包括在这一词的含义

① Lex Julia de adulteriis，奥古斯都帝年间通过。

② Lex Cornelia de sicariis，公元前81年苏拉独裁期间通过。

之内，因为它原本的词意，根据词源希腊文"远"一词，是投向远处之物。我们也能在希腊文中找到相当于"矢箭"的这一字眼，而且具有同一含义。我们所称"矢箭"，在希腊文中称"投掷物"，系从"投射"一词而来，我们可从色诺芬那里获知，他说："人们收集了投掷物——长枪、箭矢、石器和大量石子"，杀人者（sicarius）一词源出于 sica 指匕首而言。同一法律规定对于施毒者，或用毒物和魔术等可恶奸计杀人，或公开出售有毒药品的人，处以极刑。

6. 另一法律，即关于杀亲罪的庞培法①，对于最可怕的罪行，处以特异的刑罚。它规定凡使其双亲或儿子加速死亡的，或使其他亲属加速死亡，或其杀害在法律上称亲杀罪的人，无论其行动是公开的或隐蔽的，是亲杀罪的教唆犯或从犯，即使不是家人，一律处以亲杀罪的刑罚。他不是受到剑、火或其他通常方式的刑罚，而是同狗、公鸡、蛇和猴各一，一起封闭在袋内。在把他禁闭在这种可怕的监牢之后，即依当地地形，把他投入海中或河里，在他还活着的时候，即已开始被剥夺了基本的活命条件，生时不见天日，死无葬身之地。对于杀害通过其他血族或婚姻关系相联系的人的，应依关于杀人罪的考尔乃里法处刑。

7. 关于背信罪的考尔乃里法，亦称遗嘱法②，规定对书写、朗诵伪造遗嘱或其他文书，或进行偷换，或在其上盖印的；或明知故犯地制作、雕刻，或加盖伪造印章的，一律处以刑罚。法律所规定的刑罚，对奴隶处以极刑，如同考尔乃里法的杀人罪或施毒罪所规

① Lex Pompeia de parricidiis，公元前 52 年在庞培担任执政官期间通过的。

② Lex Cornelia de falsis 或 Lex Cornelia testamentaria，公元前 81 年苏拉独裁期间通过。

定的，对自由人则处以流刑。

8. 关于公私暴力的犹里法，对施加暴力的人，不论是否使用武器，一律处以刑罚。关于公私暴力的犹里法对使用武器施加暴力的人，处以流刑，对不使用武器施加暴力的人，没收其财产的三分之一。但是强奸处女、寡妇、修女或笃信宗教的其他妇女的，根据本皇帝宪令的规定，强奸者和从犯一律处死刑，详见宪令。

9. 关于公库罪的犹里法[①]规定对盗窃公款或公共财物、神圣物、宗教物者，处以刑罚。长官在职期间侵吞公款的，处以死刑；不只是他，甚至帮助他犯罪或知情而从他接受赃物赃款的人亦同。其他触犯这一法律的人处流刑。

10. 关于绑架拐骗罪的发比法[②]也属于公诉，根据宪令，对罪犯有时处以极刑，有时处以较轻的刑。

11. 此外属于公诉的，还有关于朋党罪的犹里法[③]，关于渎职罪的犹里法[④]，关于谷物罪[⑤]和侵占公物罪[⑥]的犹里法。这些法律适用于某些特种案件，对犯法人不处以死刑，而处以较轻的刑罚。

12. 以上关于公诉所述种种，使你们有可能对于这一问题略知梗概，作为学习的指南。你们可以依靠上帝的恩赐从更详尽的《学说汇纂》中，获得在这一问题上的更完备的知识。

① Lex Julia peculatus，大致与关于暴力的犹里法同一时期通过。

② Lex Fabia de plagiariis，年代不详，但西塞罗曾提到此法。

③ Lex Julia ambitus，奥古斯都帝年间通过的法律，以制止非法钻营、谋求职位。

④ Lex Julia repetundarum，恺撒时代的法律，以处罚受贿的国家长官和审判员。

⑤ Lex Julia de annona，一说在恺撒，一说在奥古斯都年间通过的，以处罚抬高粮价的奸商。

⑥ Lex Julia de residuis，一说在恺撒，一说在奥古斯都年间通过。

图书在版编目(CIP)数据

法学总论:法学阶梯/(古罗马)查士丁尼著;张企泰译.—北京:商务印书馆,2017
(汉译世界学术名著丛书:120年纪念版:珍藏本)
ISBN 978-7-100-14367-7

Ⅰ.①法… Ⅱ.①查… ②张… Ⅲ.①罗马法—私法 Ⅳ.D904.1

中国版本图书馆CIP数据核字(2017)第151973号

汉译世界学术名著丛书
(120年纪念版·珍藏本)

法 学 总 论

——法学阶梯

〔古罗马〕查士丁尼 著
张企泰 译

商 务 印 书 馆 出 版
(北京王府井大街36号 邮政编码100710)
商 务 印 书 馆 发 行
北京新华印刷有限公司印刷
ISBN 978-7-100-14367-7

2017年12月第1版 开本710×1000 1/16
2017年12月北京第1次印刷 印张16½
定价:82.00元